U0017788

你真的可以選擇不原諒

第一本以受害者為中心的經典分析，
用正確的視角陪伴受害者成為我們的好鄰舍，
在黑暗中散發榮耀。

김태경
金泰京 著

용서하지 않을 권리

目錄

推薦序

我找到了長年困惑的答案

陳又新／律師，弘鼎法律事務所

這本書，解答了我身為一位司法實務工作者長年的疑惑——被害者可以選擇不原諒。

看多了許多被告在法庭上表達悔意、道歉、賠償，但在我心中，始終存在一個疑惑：這些人是因為認知到了自己的錯誤而道歉嗎？會不會，他們心裡根本不認為自己的行為有什麼不對？他們有千千萬萬個理由，支持自己犯下的罪行是「不得已而為」；或是他們認為是因為法律程序不公正，導致他們背負不該由他們承擔的罪名？有沒有可能，他們雖然不覺得有錯，但為了避免遭受刑罰，所以才在法律程序面前展現出悔意、痛哭，或是依法官的喜好抄抄佛經？

另一個難題是，儘管我對於被告道歉的動機心存懷疑，但他終究道歉了、賠償了，被害者還有權利選擇不原諒嗎？被害者如果堅持不肯原諒，不肯給被告機會，在道德上錯了嗎？被害者會反過來受到苛責嗎？

相反地，被害者如果選擇在法律程序上原諒、和解，是不是等同於將被害的事實標價出售了？法律程序看似因為判決或和解結束了，但被害者後續的傷痛還會持續多久？被告反而就從被害者的傷痛中脫身了嗎？

當我看到這本由韓國心理學教授金泰京所撰寫的書《你真的可以選擇不原諒》時，我的諸多疑惑都獲得了解答。

金教授雖然是心理專業，但她先從法律案件著眼，帶領我們了解各類型犯罪下的被害者，看到他們在各類型犯罪下所遭受的痛苦，再進一步去領略他們在脫離犯罪情境後，除了面對治療傷痛的漫漫長路外，居然還要面對諸多來自社會成見或是文化所帶來的壓力。令人切身地感受到被害者處境的艱困。

金教授接著以她專業工作者的角度，針對司法程序提出從被害者角度的觀察與建議，也循循善誘地告訴被害者：**原諒或許不是為了被告，而是自我療癒過程中的一個過程，思考原諒與否，或許可以跟被告無關，而是為了自己。**

很榮幸有機會替這本書撰寫推薦序，但更令我感到開心的是，我找到了在我實務工作中一個長年困惑的答案。未來，當我的當事人糾結於案件中是否應該和解、原諒時，我會試著讓他知道，原諒可以做為我們修復自己的一個方法，但是，那不是你的義務，你真的可以選擇不原諒。

前言

「醫生，有個鬼在那邊……」

剛滿四歲的孩子一雙眼飽含恐懼，指著遊戲治療室的一個角落，在我耳邊悄聲地說道。孩子的恐懼與不安，透過鬼的形象，清楚表現出來。

於是我與孩子一起制定了周詳的驅鬼大作戰，幸運地在那天成功驅鬼。不過，即使在那之後，鬼魂還是不停一直出沒在遊戲治療室各處，經常威脅著我們。我們只得不斷與鬼魂搏鬥，並且有驚無險地取得勝利。

就這樣過了幾個月。有一天，鬼魂不再出現了，取而代之的是警察、消防員、軍人的角色出現，開始拯救處於危險之中的我們；不知從何開始，孩子更進一步開始自稱是救援者的角色。而自從那時候開始，大約幾週之後孩子的不安與恐懼症狀終於有了明顯的好轉，遊戲治療也可以告一個段落了。

這個孩子是我在支援犯罪被害者的機構開始正式工作後，所承接的第一位個案。後來偶爾傳來他的消息，但到現在也已中斷了好幾年，不過我仍相信那孩子一定已經長大成為一位有責任感的大人，在這世界上的某一隅抬頭挺胸地堅守自己的本分——因為我親眼目睹了幼年的他，看似毫無力量可以抵抗心理創傷，卻用自己的方法克服了犯罪創傷而成長。

要遺忘受創事件的記憶，那是不可能的，因為**當我們經歷過威脅生命的強烈事件時，大腦不會忘記這種威脅生命的經驗，可是大腦卻有極大的可能性，可以將那種記憶改造，不至於妨礙現在的生活——甚至可以將這種記憶融入到生活中，讓人變得更加成熟。**不管是誰，一旦有了心理創傷，都會本能地開始步上復原的漫長之旅，從這個角度來看，創傷後遺症之所以出現，是被害人想要理解創傷事件，也是被害者進入恢復過程的徵兆——儘管每個人的方式與速度會有很大的差距。

人類恣意妄為所犯下的罪行，往往比天災或交通意外，帶來更大的後遺症。更重要的是，受害者失去了對人的信任，因此要恢復相當不容易。不僅如此，在事件發生後，被害者還必須參與刑事司法的程序，往往頂多只能受到證人或關係人的待遇，卻得承受大大小小的不便與歧視——相形之下，加害者享有辯護人的幫助，各種權利都獲得保護。

更有甚者，其他人會因為各種動機，以各式各樣的方式反覆要求被害者開口談論那次事件。假如被害者保持沉默，也會被懷疑「是不是在隱藏什麼內情」；如果被害者一時失言，又會被拿來當作呈堂證供，質疑被害者的陳述不實。還有人會假意安慰與支持，委婉暗示要原諒加害者、只可以痛恨罪，但不可以痛恨人……等等。這樣的經驗，將導致被害者感覺到自己「不原諒的權利」受到了侵害，進而阻礙被害者的恢復。

但確定的是，每個犯罪被害者都以自己的方式和速度，踏上了恢復之旅的路途。我在長期協助犯罪被害者的過程中，不僅看到犯罪行為留給被害者可怕的後果，同時也目睹了被害者為了恢復，而付出的熾熱努力。最終，我得到了這樣的結論：人類的自我治癒能力是相當了不起的，要強化這種能力，最強而有力的因素，不是別的，而是**身邊人適當的關心與健康的支持態度**。這裡必須要強調的是「適當性」與「健康性」，不適當的關心與不必要的支持行動，反而會成為危險因素，阻礙受害者的好轉。

這也是我寫這本書的動機。本書是想幫助大家更加理解犯罪被害者在事件之後的經驗，以及我們（身為受害者的身邊人）該做什麼，才能幫助被害者更好地恢復。所以在本書中，我整合了我多年來觀察到的犯罪事件特性、折磨著被害者的誤會與偏見、被害者參與調查與審判過程的經驗、犯罪事件帶給被害者、身邊的人及整個社會的傷痕等等資料，並以這些資料為基礎，說明我們到底可以做些什麼，來幫助被害者盡快恢復。同時我也特別關注：受到犯罪傷害的孩子會表現出什麼特性，希望我們更了解當孩子成為犯罪被害者時，會出現什麼樣的特性。這樣在協助保護他們的時候，就可以充分把這些特性考慮進去。

我原本不相信性善或性惡說，我相信人出生的時候是白紙的狀態，根據接受什麼教育而成為不同的人。可是隨著我參與犯罪被害者的恢復過程，看著他們身邊人為了保護受害者而努力，經驗逐漸累積之後，我了解到人們的內心深處有著善良的意志，正在強力紮根著。人是良善的，正在閱讀本書的你也一定是，謹在此對你願意傾聽被害者經驗的善意表示敬意。

光是下定決心動筆寫這本書就花了幾個月，我擔心的是，不知道會不會無意間加深社會對被害者的誤解和偏見，或者更糟的，加深了被害者受到的傷害。在寫書的過程中，為了要幫助讀者理解，難免必須提及一些案例，每當這種時候都會擔心是不是會帶給被害者二次傷害，所以總是不斷寫了又刪。為了保護被害者，我將好幾個案例混合改寫，盡可能取材自媒體上已公開的案例，其中又會優先選擇諮商過程中得到被害者同意的檢討案例。這並非是某一個人的案例，而可以是任何人的案例，可能會讓人覺得感同身受的案例。所以，我為了打造對於被害者的堅強支持力量，還是決心提筆寫了這本書。衷心希望我能成為好的「引路者」，使被害者身邊出現更多「善意的好鄰舍」，哪怕只是多一個都好。

本書獻給即使帶著心靈創傷，仍舊為了成為自己人生的主人，盡全力努力孤軍奮戰的所有被害者。

二〇二二年 二月

冬季尾聲的金泰京

Chapter 1

遺忘在犯罪陰影下的故事

只要一想起那事件，就會覺得呼吸困難，覺得有一股無名的力量，
用力壓擠心臟的感覺。為了尋找妹妹徘徊於草叢、水坑，
從那些地方傳來的陣陣腐爛味，無法忘記這一切的一切，
至今還會時常想起。一切彷彿是一場不會結束的電影，
而電影中的我，還在為了尋找妹妹的屍體，徘徊在草叢之中。

——被害者家屬的真實陳述

每當發生暴力犯罪的時候，被害者彷彿只具有「讓社會理解犯罪手段的殘酷」的功能，大家經常疏忽了要如何對被害者的經驗，抱持深度的共鳴和理解。越是可怕的犯罪事件中，本來越應該得到細心呵護照料的被害者，卻被掩埋在更深一層的犯罪陰影之下，然後以驚人的速度被遺忘。遺憾的是，被害者本身卻無法如此輕易地遺忘那些可怕的事件，事發後幾個月、幾年，甚至終其一生，都無法擺脫犯罪陰影。

二〇一七年三月二十九日，一名當時還是青少年的犯人，誘拐小學生到家中後將之殺害，不但毀損屍體再丟棄，還將屍體其中一部分當作禮物送給朋友。消息傳開後，整體社會震驚萬分，大眾關注焦點集中在他是否是精神變態者。死者母親上了電視節目，訴說著被害者家屬痛苦的心情，但是被害者家屬的失落感與悲痛，最後只被當作一種消費手段，用來爭辯「是否應提高未成年犯罪者的懲處力度」這個議題，或用來呼籲修改《少年事件處理法》。之後雖然不斷發生令人震驚的殘酷殺人、集體暴力、虐殺兒童、故意縱火等事件，但是媒體與大眾的態度並沒有太大的變化。

我是臨床心理學家，也是犯罪心理學家，有人稱我為臨床調查心理學家。這樣的我與世界接觸、讓自己的存在變得有意義的方式，有相當多種，其中最有價值的就是：讓被害者將心理創傷流放到過去，轉而努力奮戰，將集中精力在此時、此處的生活。我身為心理創傷諮商師，想要與讀者們分享這段日子以來看到的被害者的故事，希望這樣的努力能夠促進我們好好深思：為了保護被害者，我們身為整體社會共同體的一員，應該要做些什麼。[1]

如果今天失去心愛的人

我的時鐘永遠停在事件發生的那一刻。直至現在，每天只要到了那個時間，彷彿那件事就會再度發生般，感到恐懼又害怕，想忘也忘不了。腦子告訴自己要往前進，但是心卻總是回頭看，一直無法離開那件事、那個地方。

——被害者家屬的真實陳述

心理創傷

一宗殺人事件的倖存者，少則一名，多則六到七名[2]。毫無預警發生的可怕事件，嚴重威脅著被害者家屬的心理安寧，因此他們不僅是被害者家屬，同時還被稱為「殺人事件倖存者」[3]。若某人因為殺人事件而失去家人，更會引發他的壓力反應，完全不同於因為家人自然死亡而有的哀傷。

因為自然死亡而產生的情緒反應，大致上有個限度，而且是可預測的。一般來說失去心愛之人的人會先經歷：否認事實、造成衝擊（如發怒、失落）、麻木等階段；其次會進入另一個階段，沉浸在對故人的思念與追思。接下來則是瓦解與自暴自棄的階段，此時接受故人已死的事實，但再次陷入絕望，找不到人生的意義，變得無精打采，對所有事都覺得厭煩。最後是恢復階段，此時雖然仍舊感到悲傷，但是絕望感降低，開始重新組織對於故人的正面記憶[4]。

但若是在殺人事件中失去家人，此時除了傷痛，更會伴隨著一種名叫「創傷型悲傷（traumatic grief）的強烈憤怒、復仇之心，還有信念和價值體系的喪失，社會功能退化，以及孤立、譴責、過度罪惡感、恐怖、想自殺等[5]。

在以下的這一段心聲當中（來自被害者家屬，在殺人事件失去配偶），展現了「自然死亡」和「因殺人事件而死」的遺屬之間，有何不同的經驗。

如果（先生）是生病而死，應該不會像現在如此悲痛。因為生病死去的話，過程可能很緩慢，會折磨著我，而我可能會想「命數已盡，所以離開了」，或許就能放下傷痛了吧。在這個面對死亡的準備過程中，將自己的情感一點、一滴抽離，慢慢整理好自己的心情……但是他是突然遭到殺害的，在某天早晨就突然死去了，情感就不是這樣了。眷戀、餘韻總是殘留……即使他已經離開世上了，我也不會覺得「這一切都是命」，我只覺得委屈又生氣。在遭遇了這樣的事件之後，才意識到原來死亡也是需要心理準備。

——被害者家屬的真實陳述

尤其是遺體下落不明或是無法釐清遇害案情的情況之下，家屬會受到更大的衝擊[6]。沒有遺體或是因不得已的情況而未能看到遺體時，被害者家屬不僅會更難以接受因殺人事件帶來的喪失感，也會拉長「否認」的階段，甚至還會覺得某一天故人就會活著回來，所以很長時間都無法擺脫這樣的心情[7]。在這樣的情況下，看到遺體可以降低「這件事根本沒發生」的期待，明確意識到家人已經死亡。在殺人事件中，獲得這種認知上的確認性，是非常重要的，因為只有眼見為憑、看到遺體，才能在心中真正送走心愛之人。[8]

當然，否認事件發生也是一種哀悼方式。但是否認的時間越長，恢復的速度就越慢。在一宗女子遭強暴後逃離魔掌、最後跳樓結束生命的事件中，故人的父母出現了防禦情緒，試圖透過比平時增加兩倍的工作量來「否認」，可是每到下雨天就會突然湧上極大的憤恨，只能坐在濕淋淋的泥地上不停哭泣。某位母親因隨機殺人事件而失去子女，事後出現了超越現實的表現，外表是一副「一切都會過去的」的超然態度，但多年來只要日常生活壓力稍微一增加，就會毫無任何醫學理由而四肢發抖，痛苦萬分。

每當遇到被害者家屬「否認」的防禦機制持續過久，必須接受心理創傷諮商的情況，我會用同理卻又果斷明確的語調，努力讓對方意識到「故人已經不會再回來了」。這樣的工作，就算是對有經驗的心理創傷諮商專家來說，也絕非容易，很多時候都要幫助受害者家屬努力對抗那個「想盡辦法試著不要承認」的自我。可是，唯有接受「喪失的事實」，才能展開哀悼；只有開始哀悼才能重建生活。因此「接受現實」這樣的嘗試，乃是必要且重要的工作。

不幸事件發生之後，幾乎所有的家屬都像強迫症一般，想了解心愛的人被殺害時痛苦嗎、殺害過程是什麼、怎麼開始的、又是怎樣結束的等等。因此很多家屬會以檢調的資訊和自己親自收集的資訊為基礎，彷彿身歷其境般地去建構事件發生場所的空間特性、氣味、聲音、觸感、感覺等。這個過程建構的記憶，就像一部電影不斷在腦海中反覆播放，奪走了遺屬的堅強、信賴感、希望、健康的人際關係與笑容。[9]

不僅如此，被害者家屬還得承受著自己所愛之人死去、自己卻還活著的罪惡感，同時還要對抗瞬間降臨眼前的「死亡」引起的本能恐懼。在以上這兩種雙重的飽和痛苦之下，原本平凡的日常被破壞，瞬間墜入地獄，這種經歷會讓人感到如此陌生與困惑，原有的思考框架無法吸收這一切，使得遺屬的日常生活經常受到影響。

也有部分遺屬會談到對加害者家屬的憐憫（雖然這種情況並不常見），我個人猜測，也許是認為加諸在自己身上的社會烙印，也會烙印在加害者家屬身上，因此對於加害者家屬的痛苦產生了共感。

至於原本有宗教信仰的遺屬，會對神產生憤怒與不信任，可能因此中斷了信仰，要不然就是過度沉浸在宗教活動之中，試圖否認自己的喪失感。另有些原本沒有宗教信仰的遺屬，在事件發生之後才開始宗教活動；當然也有人始終不相信特定的宗教，並以自己的方式進行靈性活動。

以上可知，信仰對於哀悼一定是有幫助的，但也只有在被害者家屬選擇接受信仰時，信仰的正面、積極效果才能發揮。若是在他人的強迫之下開始的靈性活動，只會加深對神的憤怒與怨恨，無法產生幫助。創傷治療的核心原則之一是「**幫助被害者自行選擇**」，不管再好的理論或技術，對心理上沒有準備的人來說都會成為毒藥，這不僅只局限於宗教方面而已。

抗拒復原

大部分的被害者家屬會因為自己「逐漸變好」而產生罪惡感，因此又會感到痛苦。有位因殺人事件失去子女的母親不斷問我：「醫生，我是不是正在好轉？」如果我回答「沒有」的話，她會回問：「那就幸好。但是醫生，真的好痛苦啊，什麼時候才會好起來呢？」矛盾的是，偶爾我會回答：「是啊。」這時她又會毫不猶豫地說：「我太卑鄙了，我這樣還算媽媽嗎？我真的是一個壞透了的媽媽，失去孩子之後竟然還能睡覺、吃飯、呼吸，這還像話嗎？」

還有一名因殺人事件失去弟弟的被害者家屬拒絕了心理諮商，因為他說他沒能把弟弟守護好，因此自己理應承受痛苦，任何幫助都是「奢侈」。有一位被害者家屬，在一次樓上鄰居因為「層間噪音」的爭執事件中失去了兩個兒子，他在諮商期間屢次出現呼吸喘不過氣來的情況，諮商者只好小心翼翼拍拍背、幫忙輕揉手臂和腿，但不到三個月，他可能因為「只有自己生存下來，還能接受諮商的幫助」而感到深度的痛苦，之後就斷了消息。

雖然每個人的狀況很不同，加上每個個案中「故人」與「遺屬」之間的關係也很不一樣，但依據實務經驗，殺人事件的被害者家屬從「完全意識到所愛之人已經死了」，**至少需要一年左右的時間**。如果死者是子女、找不到故人遺體、或遺體受到嚴重毀損等情況，會需要更長的時間。不僅如此，在認知上承認事件之後，光是哀悼過程，就**還需要三年以**

上的時間。

如同某位被害者家屬所說，「子女因為其他因素先走一步的話，雖然會埋葬在父母的心裡，但是子女因為殺人事件而先走一步的話，是無法埋葬在心裡的」。展開哀悼只是意味著被害者家屬勉強維持現實生活的狀態，並非完全擺脫殺人事件的影響。不管過了多久的時間，只要到了故人的生日、忌日等紀念日，或是面對意想不到的生活壓力，對事件的記憶一定會再度浮上被害者家屬的心頭，撼動他們的生活。所以我在與殺人事件被害家屬諮商時，不會將目標設定為「要消除痛苦」，而是**與事件一起活在當下**，因為這才是最好的。

在克服心理創傷的脈絡下，「時間」的確是最好的良藥。令人遺憾的是，被害者家屬的時間流逝速度，與被害者周圍其他人的時間是不一樣的。被害者家屬無法把事件留在過去，而被害者周圍的其他人則能以較快的速度回歸日常生活。其實，周圍的其他人會比被害家屬更快回歸日常生活，這也是理所當然的，而且我們也期待他們快點回歸正常生活，成為被害者家屬堅強且健康的支持資源。問題在於，當他們回到日常生活的那一瞬間，對被害家屬的憐憫也會減少或消失。

結果是，從周圍其他人的角度來看，從某個瞬間開始可能會覺得被害家屬怎麼還一直沉浸在悲痛之中；他們常常隱晦地指責被害家屬，恢復得太慢。甚至會鼓勵失去子女的父母儘快再生一個孩子，或是鼓勵失去妻子的配偶再婚。因此在創傷諮商中太常看見這樣的情況：需要對被害家屬周圍的其他人（特別是重要支持者），進行心理教育並給予適當的資訊。

十年前我第一次和殺人事件的被害家屬們一起去郊遊的那一天，一方面覺得有些害羞，一方面全身都緊張得坐立不安，因為不知道在與被害者家屬相處時，是不是可以喧嘩笑鬧？露出悲傷的表情是不是反而會讓他們感到不舒服？是不是可以先開口搭話？有太多的不確定。這樣尷尬的時間過了一陣子，有一位被害者家屬突然舉手大聲問我：「醫生，我們今天可以笑嗎？」我回答當然可以啊，接著她說了下面這段話。

我因為殺人事件失去丈夫已經過了三年，到現在還是覺得丈夫會打開大門走進來一樣，所以總是會從睡夢中驚醒跳起。即使如此痛苦，但是最近偶爾不知不覺也會笑，真的很奇怪吧。每當我覺得痛苦，身邊的人總是催促我「忘掉吧，活著的人總要活下去」、「不要哭了，現在笑吧」，但是當我笑的時候，周圍的人卻會在背後罵我說即使這樣送走丈夫還能過得這麼好、還能笑得出來。所以我盡量不與事件前就認識的人見面，認識新的人也怕被誤會，所以對於自己是被害者家屬的事絕口不提。但是，醫生，雖然非常悲痛，但偶爾也要笑一笑，這樣才能撐過這彷彿永遠不會結束般的痛苦時間，對吧？

許多犯罪被害者問我：只要接受心理諮商，就能忘記事件的記憶嗎？令人惋惜的是，**創傷性事件是與生存相關的記憶，是絕對不可能會忘記的，但是可以讓這段記憶不影響現在的生活。**心理諮商會對這過程有所幫助，所以那天我是這樣回應那位失去丈夫的受害者家屬：

雖然我沒有可以讓你遺忘事件記憶的能力，但是當你擁有這些記憶的時候，我也能在努力繼續生活的你身邊，給予幫助。

對於殺人事件的被害者家屬來說，恢復並不代表忘卻那次事件的記憶，而是意味懷抱著悲痛，僅能維持此時、此刻現在的生活。對這樣的他們來說，就連不過是一瞬間的歡笑及幸福，也要先討論是否有資格享有。那麼這樣是不是對他們太過冷酷無情了？

生命，無價

國家壟斷了刑事懲罰權，因此有義務保護國民免於受到犯罪侵害，而發生犯罪事件就代表國家未能充分保護國民，此時國家有義務給予被害者救濟。在以上的脈絡下，在《犯罪被害保護法》中規定，如果因為犯罪死亡、重傷，但不能從加害人那裡得到賠償的情況下，國家將代替加害人，支付救助金給被害者或被害者家屬。雖然我們不太願意承認，可是在需要金錢賠償的事件中，資本主義社會能做的最好的事，就是將損失換算成金錢，支付金錢給被害者。支付救助金的最終目的是幫助被害者擺脫犯罪的衝擊，重新成為健康的社會一員。

但是對被害者家屬來說，支付救助金的過程就像是把故人的生命訂出一個「數額」。賠償金會根據故人的職業、年紀、性別，甚至是否有正職，來訂定不同價格，因此不少被害者家屬認為救助金是故人的「生命價值」，一毛都不能花；也有家屬會放棄申請救助金，大部分是出自罪惡感。有一位家屬，經歷了年幼子女失蹤、死亡、發現遺體的事件，雖然他們的家境十分困難，卻沒有申請救助金，因為他對於當天他在那個場所放開了孩子的手，始終抱有深沉的愧疚感。

可怕的強盜與暴力傷害

那個人發怒的臉不斷在我眼前來來去去，只要想起那件事就像回到當年一樣，當時挨揍的部位就會感到一陣抽痛，實在太可怕了，很想要逃跑，心臟噗通噗通急速跳動，胸口悶得直冒冷汗。有時候就連夢裡也會出現那個人，因為太驚嚇而從夢中驚醒之後，就再也無法入睡，似乎一輩子也無法擺脫那件事的夢魘。

——被害者親口陳述

強盜，是以強暴、脅迫或其他方式，強取他人財物（例如財產利益）的兇惡犯罪行為。從本質上來看，強盜大多伴隨著性暴力、暴行及傷害等行為。暴行涉及範圍很廣，有造成被害者身體傷害甚至死亡的情況，也有無明顯身體外傷的事件。強盜與暴行有相當高的可能性會誘發創傷後壓力症候群（posttraumatic stress disorder, PTSD），在這種情況下會被認定傷害罪，犯人將會被加重處罰，因為目前許多研究已反覆證明，罹患 PTSD 雖然外表看不出來，卻是腦部（它是身體最重要之一部份）損傷所帶來的結果[10]。

犯罪被害事件導致的後遺症「總重量」究竟是多少？若要依照犯罪事件的類型來斟酌，確實不容易，因為犯罪事件與重大天災不一樣。在犯罪被害的後遺症中，因為加害者的特性、事件類型、環境情況等諸多變因互相交織在一起，會產生錯綜複雜的影響力，因此整體情況是相當複雜的。但是身為犯罪心理創傷諮商師，以我的經驗來看，「不同的事件類型，會呈現不同類型的後遺症」，這種現象比較明顯。

強盜與暴力傷害的被害者在事件發生後，會出現更強烈的、典型的急性不安症狀。而大部份的殺人事件被害者家屬——除了殺人事件目擊者、遺體發現者、在毫無心理準備之下看到殘缺不全遺體等情況以外——其主要情緒則是自責感、憤怒、喪失感與悲痛，並非急性不安與恐懼。性侵被害者除了有急性不安，同時還伴隨著強烈的性羞恥感、侮辱感，因此會比其他事件類型的被害者出現更頻繁的社會孤立與退縮現象。研究報告則指出，暴力傷害被害者PTSD診斷率約為百分之三十八到三十九，性侵被害者為百分之三十到三十五，殺人事件被害者則為百分之二十到三十[11]。

如果突然遭到陌生人毆打，特別有可能引發對死亡的恐懼，因為對被害者來說，該事件不單單是暴力行為，而是殺人未遂事件。有一位被害者在店裡面，被突然入店的陌生人持鈍器從背後擊打，造成被害者眼窩、肩膀骨折。被害者當下不但經歷了死亡的恐懼，在事件發生後的幾周裡，飽受嚴重急性不安症狀的困擾，只要看到與犯人體型相似的男性，就會覺得對方臉上重疊著犯人的臉孔。但是在法庭上，犯人主張自己完全沒有殺人的意圖，這個看法被法官採納，最後以暴力傷害罪判刑。被害者沒有向檢察官提出上訴的要求[12]，因為擔心犯人會懷恨在心，出獄後會報復。

不幸中的大幸是，這種急性不安症狀在心理治療的介入之後，反應會比較好。如果沒有特別的理由，基本上會很快好轉。上述事件的被害者經過了三個月的深層心理諮商，創傷後壓力症候群的反應大幅好轉，六個月後結束諮商，整體狀態獲得恢復。之後過了幾年，直至今日症狀也沒有再度復發，適應得相當不錯。在犯罪被害者諮商的實務工作上，這種恢復程度速度算是比較快的。

另一方面，有時**PTSD**的發生與犯罪事件的種類無關，而是在被害之後沒有馬上產生症狀，卻是在幾週、幾個月，甚至幾年過後才突然出現。這稱之為延遲發作（latent onset），這是被害者為了防止自己被犯罪引發的恐懼與害怕所壓垮，於是壓抑了與事件相關的情感或記憶。這種情況也與解離（dissociation）症狀有關。所謂的解離是指分子或鹽等分離現象的化學用語，但在心理學裡，則是指「自己與周邊環境分離」的感覺，或是自我認同感或記憶的感覺分裂的現象（例如：多重人格障礙、解離性身份障礙）。

人類本能會認為，若喪失了對情況的控制，這會是強烈的危機，因此為了不要失去控制感而不停奮戰；如果暫時失去了控制感，就會不擇手段盡量努力，盡可能快速恢復。而人在成為犯罪被害者的瞬間，意味著失去了控制感，這種感覺會帶給人類極端的無力感與恐懼感。因此在犯罪被害心理創傷的心理諮商初期階段，會把重點放在「促進恢復控制感」這件事上。

有不少被害者在經歷事件當下或之後，為了恢復控制感，會無意識且自動地試圖壓抑記憶，或是將情感分離。如果成功的話，情感或記憶會從意識中被分離出去，無意識地被壓抑（即解離），暫時感到安全感。這時被害者看起來好像相當平靜冷靜。這種狀態短則幾分鐘，長則可以持續幾年，但是在生活中某一個點上，可能會因為某種理由（例如：偶然在路上遇到加害者），使得被壓抑的創傷記憶突然恢復。而且在恢復記憶的瞬間，被害者會突然產生回到事件發生當時的感覺，出現強烈的心理混亂，也就是 PTSD 症狀。

有一名被害者全身被亂刀刺傷後，無法站立，無法坐下，也無法躺著，後來住院治療好幾個月。在住院期間，他的心理狀態相對平靜，甚至還反過來平靜地安慰自己的父母。但是出院回家之後，他開始出現失眠、恐懼、憤怒等痛苦症狀。無論是車子發出轟隆隆的噪音，馳奔而來的摩托車，無預警打開房門走進的家人，甚至是餐桌上湯匙的碰撞聲，都會讓他陷入恐慌狀態。原因就是大腦原本把注意力集中在身體的疼痛上，現在開始意識到情緒上的疼痛了。經過評估與面談，他被診斷為延遲發作的 PTSD。

令人惋惜的是，在有些情況中，被害人常會因為急性症狀無法恢復，而形成慢性化的心理症狀。這些情況包含：因遭受暴力而留下永久身體殘疾時、身體重要部位（例如臉部）留下疤痕而可能導致被害人無法維持社會或職業功能時、未逮捕到犯人或推測犯人可能會報復時、被害人嚴重暴露在二次傷害的情境時，以及虐待兒童、家庭暴力或校園暴力等會在日常生活中反覆發生的情況。還有，當被害者經常必須深度參與調查與裁判過程時，往往會使後遺症難以好轉，而且隨著時間過去，症狀會反覆好轉又惡化。

有一位被害者在光天化日之下，突然被一名素未謀面的人走過來施暴，造成嚴重腦部損傷。犯人事後竟然無理牽強主張「都是被害者引發我的暴行」，使被害者不得不多次前去調查機關接受調查，備受委屈。而且每次到了審判的日子，為了要去法庭確認犯人又說了什麼謊，得要經常向公司請假。對上班族來說，請假是非常看上司臉色的事。雪上加霜的是，被害者因為腦損傷的後遺症，以及在調查與審判中受到過度的壓力，使他的工作效率明顯降低。最終在半自願、半被強迫下不得不辭職，之後因為嚴重的經濟困境，造成夫妻間爭執加劇，心理上的後遺症絲毫沒有恢復的跡象。

靈魂的烙印：性暴力

日常生活性暴力

H是三十歲出頭的上班族，獨自住在一間小套房裡，日常生活中沒有特別行程的話，會在晚上七點左右抵達家中，吃了晚餐就獨自慵懶地躺在沙發上，看看連續劇或電影。那天下班回家的路上，H買了點菜，像平時一樣為了準備晚餐穿上圍裙站在洗碗槽前。突然在這一瞬間，有人從她的身後抱住她，摀住她的嘴，試圖強暴她。驚慌失挫的H放聲尖叫，掙扎了一會兒，鄰居因為聽到尖叫聲，於是猛力敲著H的大門。犯人被敲門聲音嚇一跳，就急忙從窗戶逃走了。警方調查發現，犯人是透過窗戶預先入侵，躲在窗簾後等待H回家。後來犯人始終沒有落網，H則因為恐懼，再也不敢住在那裡，倉皇地搬了家。即使搬家之後，每次一回到住所就會先確認窗簾和衣櫃，這樣反覆確認的行為持續了很長一段時間。

從這段期間的經驗來看，H是非常幸運的，在性暴力受害過程中，有鄰居聽到慘叫聲跑過來敲門，使得犯人驚慌失措地從窗戶逃走了。但並不是所有被害者都那麼幸運，這種突然發生、未曾經歷過的危險狀況，會使得很多被害人當場呆掉，驚嚇到連聲音都喊不出來，全身僵硬無法動彈；也曾出現過因為受害者放聲尖叫反而刺激犯人，造成更嚴重的事件。

二〇一二年發生了一起殺人事件，戴著電子腳鐐的犯人闖進住處，企圖強暴返家的被害者，被害者尖叫反抗，情緒受到刺激的犯人開始不分青紅皂白對被害者施暴。聽到尖叫聲的鄰居報警，過了一會兒警察到達現場，敲了敲門，被害者一邊放聲大喊「救命啊」，一邊奔向門口，但是最終她還是沒能走出那扇門。衝動的犯人殺害了被害者。

令人駭異的是，為了免於被性侵而拼命的她，在社會上竟有著截然不同的評價：有一派觀點對於被害者在遭受暴行過程中所經歷的極度恐懼和痛苦有所共感，並極度憐憫被害者的遭遇；但另一派卻認為性方面的純潔算什麼，出言嘲弄被害者何必捨命努力保護那份純潔。考慮到現實中，如果被害人在性暴力事件裡沒有為了守護肉體純潔而冒著生命危險反抗的話，則被害者可能又會被質疑「到底是不是被害人」，因此有些社會大眾的這種反應實在是過於矛盾與殘酷無情，帶給被害者家屬無法恢復的傷口。

性暴力被害者經常因為各種原因，無法冒著生命危險抵抗或放聲尖叫求助。根據每個人的情況，受害者意識到發生在自己身上的事情是「性暴力」，可能也需要不少時間（理解情況後也可能已經太晚了）。即使意識到這是性暴力之後，也可能因為過於驚慌失措而無法抵抗，甚至害怕人們看到自己被性侵的模樣感到羞恥和害怕。別說是請求幫助了，反而會屏住呼吸或是假裝睡覺。

況且，即使求救了也未必總是會有人伸出援手。下班路上被突然出現的陌生人拉到路邊草叢性侵的事件中，被害者大喊救命，但是路人即使聽到尖叫聲，也只是忙於走著自己的路。人們的這種行為對被害者來說，不亞於受到性暴力的衝擊，因此產生對人類的不信任和怨恨，在事件發生之後維持很長一段時間都無法消失。

許多研究顯示，性暴力及性侵會比其他事件造成的急性後遺症更加嚴重[13]。值得注意的是，在性侵事件中，如果犯人與被害者是認識關係，被害者的後遺症會更嚴重，這表示由熟人所引發的性暴力事件中，被害者暴露在二次傷害的情況更高，因此會經歷更嚴重的心理痛苦。

通常大家都以為，報警或起訴就可以讓犯人受到法律的處罰，這對被害者來說是最佳的利益。不過情況卻是相反的：在現實中起訴性暴力對被害者而言，只是一連串艱苦過程的開始而已，接下來在陌生的刑事司法機關裡，必須以言語證明自己遭受到性暴力[14]。這是因為在性暴力事件中，很多情況下並沒有客觀的證據，往往只有被害者單方的言辭陳述。

被害者的陳述既然是唯一的證據，此時對於查明真相來說，陳述的可信度也就具有絕對的重要性。更因為這個因素，被害者遭受二次傷害的可能性大增。

這裡務必要記住的是：對許多被害者而言，比起犯罪本身（即第一次傷害），二次傷害會讓他們更加痛苦。大部分第一次傷害的情況是由一名加害者臨時起意造成的，但是第二次傷害是在日常生活中頻繁接觸的多數人，甚至家人、朋友所造成的，而且多數情況不僅會持續很長的時間，隨著時間還會更加嚴重，這種心理創傷會使被害者意志消沉，更會削弱恢復的意志。

馴服的性侵害（性誘騙）

「馴服」就是建立關係的意思……如果你馴服了我，我們對彼此而言就成了互相需要的存在，對我而言，你是世界上獨一無二的存在。對你來說，我也是世界上僅有的狐狸。

——摘取自聖修伯里，《小王子》

如同《小王子》故事中的狐狸對小王子要求馴服自己[15]，對我們來說在建立與維持人際關係當中，馴服是相當重要的手段。我們馴服了誰，被誰馴服，因而形成了團體，身處其中感到安全感。馴服有時候會以養育之名，有時又以教育之名進行。透過馴服，人類學習到了歸屬文化的價值，成為共同體的一員。不僅如此，在成人之間的健康且親密的關係中，馴服是形成與維持互惠關係，雙方建立性關係的基礎。

眾所皆知，在性侵案件中，尤其是以兒童為對象的性暴力中，加害者會利用親切、關心、物質補償、特別待遇、強迫當作誘餌。不少兒童會誤以為這樣的行為就是養育或照顧，結果成為性侵被害者，自己卻說不出口，甚至沒有意識到自己是被害者。為了說明這種現象，自一九八五年心理學界首次出現了「性誘騙」（sexual grooming）一詞，用來分析異常的性行為模式。

即使是成人也可能會成為性誘騙的對象，但加害者還是喜歡將單純、容易上當、容易被馴服、被發現可能性較低的兒童作為下手目標[16]。與浪漫關係不同，在性誘騙中，兩人的關係並不平等，也不互動，其目的也不是確認彼此的愛情，而是把對方當作性工具。

學界普遍認為馴服是在自己、兒童和環境領域中進行[17]。自我馴服指的是加害者在兒童性誘騙之前，為了抑制自己的內在，而馴服自己的過程[18]。自我馴服的第一步是相信犯罪行為起因於外部，加害者相信兒童是「喜歡和自己發生性行為的」；不僅如此，加害者認為自己「比下有餘」，因為有人會更嚴重的虐待兒童，也有人會做出更可怕的事，因此加害者確信自己的罪行相對來說並不是很壞的事。此時加害者對滿足自己的需求非常敏感，相反地，對於性侵兒童，造成受害兒童痛苦的反應，卻是遲鈍地驚人。

第二步策略則是無力感，大部分加害者犯案後都會主張性侵事件非預謀的，只是「偏偏在那個時間點」，他「無法控制」自己的性衝動。加害者甚至還會辯解：是孩子太可愛，或是孩子太想要和自己發生性行為，所以自己才無法克制性慾。

最後一步策略則是決定犯罪與否的損益分析。加害者會計算：在犯案後所要付出的代價，和透過犯罪獲得的利益，兩者加以相比。許多人誤以為性侵被害者是因為自己的穿著、言行表現、外貌等而受害，但是性侵真正的原因是，犯人鎖定某人為目標時最重視的不是被害者的特徵，而是「能否順利完成犯罪行為的可能性」。

兒童性誘騙犯罪的核心目標是「在不被懷疑的情況下與兒童發生性接觸」。為了達到這個目標，加害者必須與兒童有很多接觸機會，加害者也要有足夠的魅力，讓兒童想要和加害者一起相處。因此加害者在接觸兒童時顯得相當親切，帶著慈祥的假面具展現善意誘惑兒童，從擁抱、親吻臉頰、拍拍背等輕微的肢體接觸開始，逐漸提高性方面的接觸程度，讓兒童對性接觸不具防備之心[19]。因此兒童往往無法區別性侵與正常照顧的行為，最終錯失向家長求救的適當時機[20]。

在兒童性誘騙事件裡，加害者透過操縱環境，巧妙地侵犯界線，使性接觸正常化，同時又暗地裡責備與威脅被害者，以免自己的犯行曝光。由於這樣複雜的牽制影響力，讓性誘騙比使用暴力進行的性侵，帶來更嚴重的後遺症[21]。由於是長時間慢慢馴服，被害者的急性壓力反應相對較小，但是自我形象受傷、憂鬱、自責感、無價值感、無力感、性方面問題行為、自殘等慢性症狀會更加嚴重[22]。兒童有時會對「曾被犯人接觸過的自己身體特定部位」產生厭惡、不愉悅感、羞恥心[23]。

不僅如此，被馴服的兒童還會把「適當、道德的性行為」與「不適當的性行為」兩者加以混淆，日後可能為了要操縱情感關係的對方，而策略性地利用性行為。這稱之為性化（sexualization）。多數報告認為這會導致無差別性行為與性交易等。兒童將以往加害者為了合理化他自己行為而常說的話（「這是為你好」、「你不是也想要」、「我是在幫你」），直接內化，認為自己是性混亂的存在，又或者兒童為了解決自己的認知不協調，於是將犯人理想化為「好人」。

這樣的關係會使被害兒童沒有能力區別正常與不正常的接觸，造成難以形成與維持健康的異性關係，在不信任與過度信任之間徘徊不定，使兒童自己成為性侵被害者，處於危險的情況[24]。但是「兒童性誘騙」與「成人和兒童之間的正常關係」有時很相似，只不過加害者徹底隱藏性動機，因此在早期很難發現。

數位性暴力

透過數位機器與資訊通信技術為媒介，在未經同意之下拍攝部分身體（無論有無取得對方同意）、散播、流通、或威脅散佈，以及在網路空間裡行使性騷擾等情況，都可以稱為數位性暴力。韓國的法律規定利用相機等拍攝或散佈虛假影像，以及利用拍攝影像威脅和強迫罪等也包含在內。

根據韓國檢察廳發表的犯罪分析報告指出，過去十年裡各類型的暴力犯罪呈現減少趨勢，但性侵犯罪卻增加了約一點五倍。令人驚訝的是，其原因是數位性暴力急劇增加（例如利用相機等器材拍攝）。數位性暴力如此急遽增加的情況，不只在韓國如此，也是全世界的趨勢[25]。甚至在一份以澳洲、紐西蘭與英國的十六歲到六十四歲國民為對象的調查報告也發現，受訪者中每三名中有一名就曾遭受過數位性暴力。

雖然相關研究不多，但從最近的經驗來看，數位性暴力的被害者所經歷的後遺症，和現實生活中的性暴力事件有些差異。最重要的是，**數位性暴力的痛苦程度，比現實生活中**

的性暴力更強烈，且持續時間更長。因為網路空間傳播速度極快，被害者第一次意識到被害事實時，很可能影片或照片已經被廣泛傳播，意味著要完全刪除乾淨那些遭到散佈的私密照片或影片，已是不可能的。被害者永遠無法擺脫「不特定人士可能會觀賞自己最隱私模樣」的恐懼。

不僅如此，許多被害者是透過自己朋友、甚至是家人或另一半得知自己被害的事實。這也代表能夠認出被害者的多數人觀看了被害者最隱私的樣貌，而且他們有可能在現實生活中認出被害者，這會引發被害者難以承受的羞恥心與恐懼感。有的被害者透過朋友得知被害事實之後，雖然透過更換身份證號碼、名字、工作職場、居住地、整形等方式換了一個人生，但仍處於「不知道會不會被人認出來」的恐懼中，飽受惡夢的反覆折磨。

即使如此，數位性暴力的成功起訴率和犯人檢舉率還是非常低，這是因為事件的特性所致，很難確定犯人。如果不能確定犯人的話，就連起訴都無法受理。在一般的情況下，報警後可以期待警方透過調查鎖定犯人並逮捕，但至少到目前為止，這種期待在數位性暴力案件中只不過是期待而已。即使運氣很好有鎖定犯人，但在調查及審判過程裡，被害者也會暴露在不亞於現實生活中性暴力的嚴重傷害之下。有時候甚至為了確認私密影像中的人物是否為被害者，出現多名調查人員仔細分析照片或影片的情況，也有時（雖然很少）還會在被害者面前進行這樣的程序。

如果被害者是未成年的話，在了解事件過程中，調查人員甚至會將被害者的私密影像直接給父母看。這種經歷對父母來說衝擊非常大，留下不少心理後遺症。一位母親接到調查機關聯絡電話，知道子女性器部位的照片在網路上流傳的消息後，在確認過程中，母親必須要觀看調查人員提供的子女性器照片。此時看到的照片被強烈儲存在母親的記憶中，每次看到子女，都會反覆想起那張照片。令人遺憾的是，母親每一次都會再度感到強烈羞恥心與性的不快感，進而對子女感到憤怒與失望，長期處在痛苦之中。

數位性暴力的種類相當多樣，有很多是未經同意拍攝後偷偷散播，最近則有不少是「私密照或影片在拍攝時有獲得同意，但事後在未經同意之下加以傳播或威脅要加以傳播」的事件。被害者以往經不起戀人再三反覆要求拍攝性愛畫面，戀人還信誓旦旦「拍了之後立刻刪除」，於是被害者勉強同意拍攝，後來想要分手時，卻被對方威脅「如果敢分手，就把性愛影片傳給家人和朋友」。直到這時被害者才知道當時拍攝的影片，已被犯人上傳至雲端。在不少類似這種類型的犯罪事件中，被害者最不希望發生的事，就是犯人將影片傳給被害者家人，使得家人知道。

成年人在自願下拍攝或錄製自己性關係過程，至少是某種「個人自由」，縱使有人厭惡這樣的行為，但他人恐怕也不可以因為想法不同，就有資格批評行為人。同理，即使是在同意下拍攝，未經同意擅自散佈的話，責任不該在被害者，而是在散佈者的身上，即犯人的錯才是。無奈社會卻普遍認為同意拍攝的影片，在未經同意被散佈的情況，被害者也要承擔此責任。這使得被害者陷入水深火熱的深淵之中。各種研究都顯示，數位性暴力的被害者發生自殘或自殺的比例，比現實生活遭受性暴力者更高[26]。

無法撲滅著火的恐懼

「到了秋天，我想在東大門一家小服飾店裡當店員，試著重新開始工作。」

一位縱火事件被害者在遭受嚴重燒傷後，接受多次皮膚移植手術，仍無法透過流汗調節體溫，因此天氣熱的時候不能離開家門。我多方打聽到他，前往他家中拜訪。他對我露出了燦爛的笑容，說出了以上這句話。

聽到這句話，我一方面慶幸自己有來拜訪他，同時感到欣慰，大讚被害者的自我治癒能力。可惜這是我和他最後一次會面了，在那之後他全面拒絕包含我在內的對外接觸，不久後也換了聯絡方式。

縱火，指的是故意縱火焚燒自己或他人建築物或財產的行為。根據法務研修院在二〇二〇年出版的犯罪白皮書指出，在二〇一八年暴力犯罪中，縱火事件有一千四百七十八件，比起殺人（八百四十九件）和強盜（八百四十一件），有著更高的比例。當然不是所有的一千多件縱火事件都像「安仁得縱火事件」（按，二〇一九年的縱火後殺人事件）一樣，以殺人為目的故意縱火。但是縱火犯罪專家認同縱火是比殺人更殘酷的犯罪。對此，美國縱火犯罪調查人員史蒂夫・阿伐托（Steve Avato）曾提出下列主張[27]。

> 縱火犯罪會導致比殺人更糟的結果。如果我開槍想殺死某人，不僅會殺死想殺的人，還可能會波及無辜的人，但只有在子彈持續飛行的前提之下才會發生。但是縱火不一樣，只要可燃性物質和氧氣存在，火就一直不會熄滅，持續造成損失。

縱火事件發生後，被害者可能會失去住所或住處受損，必須四處尋找居住之處。雖然國家有提供臨時居住設施，但非常有限（大部份是供家暴、性侵被害者使用）。而且失去家園的喪失感大到無法估量，要適應新環境也不容易。不僅如此，在火災現場親眼目睹烈火熊熊燃燒的場面，也根深蒂固烙印在腦海裡無法抹去，日後也會毫無緣由地覺得聞到燒東西的味道（即幻嗅）。

另一方面，因縱火失去親人的遺屬會為了想要理解「被火紋身的疼痛」，而不斷孤軍奮戰。有一位父親在縱火事件失去女兒，每到晚上都會做惡夢，夢到熊熊烈火吞噬一切，於是他埋頭上網搜拼命搜尋被火燒的痛苦。即使驗屍報告顯示女兒的死因是由於煙霧而窒息死亡，但是對減少父親強迫行為，並沒有任何幫助。

二〇一九年一位丈夫前去找要求離婚的妻子，將汽油潑灑到妻子與女兒身上，妻子在奔逃時，丈夫點了火。女兒除了眼睜睜看著在火海中不斷痛苦掙扎的母親之外，什麼也做不了，因為自己靠近母親的話情況可能會變得更一發不可收拾。親眼看到母親被烈火燃燒的場面，對女兒造成了無法想像、無比恐怖的精神苦痛。

更可怕的事是在那之後發生的。被警察逮捕的犯人，竟將責任轉嫁到女兒身上，並說「都是因為妳，媽媽才會被火燒」。當然這極可能是犯人為了折磨女兒所編造的謊言，但女兒卻將犯人這種毫無根據的指責聽進心裡，認為母親是因為自己才會被害。這樣的想法揮之不去，飽受比死還痛苦的折磨。

火，對於人類非常重要，文明的開始在於懂得支配火，照亮黑暗的是火，阻擋寒冷的也是火，讓食物可以吃得安心又美味的也是火。但是將一切化為灰燼的也是火。也許正因如此，我們在潛意識深處對火產生了恐懼的心理。

學校常在進行安全教育課程、預防性暴力教育的時候，會告訴孩子在需要第三者幫助時，要大喊「失火了」，因為「失火了」會引起人們強烈的恐懼，也可以充分引起注意力。在大喊「失火了！」時，大部分的人都會害怕地轉頭看向發出聲音的方向，獲得幫助的可能性也會大增。

即使縱火事件不是以殺人為目的，甚至縱火造成的財產損失不大，縱火本身也是引發本能恐懼的可怕事件，後遺症也是相當嚴重的。因為縱火失去心愛的人是最糟糕的經驗，帶給被害者「生不如死的生活」。縱火案件裡的倖存者除了精神上的痛苦外，還要與被火紋身的傷疤對抗，也有很多因吸入煙霧引起肺部疾病而飽受痛苦折磨。大邱地鐵縱火慘案奪走了一百九十二條人命，即使事過將近二十年，現在還有人仍舊困在心理創傷中，過著痛苦的生活。這個令人惋惜的消息充分顯示了縱火犯罪的可怕性。

我們可以進一步這樣想……

雖然數值每年都有些許變動，但是韓國每年刑事犯罪發生件數，為每十萬人一千九百到兩千件[28]。這代表每位國民一生中，成為刑事犯罪被害者的可能性超過百分之一。當然由於各種原因，同一名被害者可能會反覆暴露在犯罪之中，也有人一輩子都不會暴露在刑事犯罪中，安全地生活著。不管是誰，在生活之中，總是存在著意想不到、即使沒做錯什麼，卻成為犯罪行為被害者的可能性。

因此，我不是要告訴大家「生活要小心」，也不是要告訴大家「小心，壞人就在你身邊」，更不是要讓大家感到不安。我想說的是，當有人成為犯罪被害者時，我們必須抱持著「是我們整體的一部分受到了傷害」這種心態，用健康的方式共感他們的苦痛，幫助他們克服，重新恢復，成我們健康的好鄰舍。許多研究結果顯示，幫助被害者擺脫犯罪影響最大的因素，就是「周圍的支持」。這表示正在閱讀本書的你，或許正是幫助因犯罪陷入心理創傷飽受痛苦某人的唯一資源也說不定。

海明威長篇小說《喪鐘為誰而鳴》的書名廣為人知，但事實上這文句是十七世紀英國詩人約翰・鄧恩（John Donne）的詩名。在鄧恩生活的時代，傳染病猖獗導致無數人死亡，每當這種時候教會就會敲響鐘聲，因此每當聽到教堂的鐘聲，鄧恩就會好奇誰死了。後來有一天鄧恩自己也罹患傳染病倒臥病床上，這時他才意識到，通報有人死亡的鐘聲，其實是為我們所有人哀悼的鐘聲，因此寫下了這首詩。棲息在地球這顆行星上的人類，無論用何種方式，都是彼此互相連結的命運共同體，因此即使不借用鄧恩的詩句，某人的厄運或死亡都絕非與我毫無相關。

Chapter 2

其實我不理解被害者

所謂的常識，就是人到十八歲為止後天所累積的偏見之集合。

——艾伯特．愛因斯坦

我加快速度，趕緊處理許多拖延已久的事情之後，短暫地休息片刻，難得偷個懶打開電視，節目上正在播放講述連續殺人犯柳永哲的節目。他殘忍殺害二十名無辜的市民被捕之後，即使已經過了近二十年的歲月，每當需要刺激性素材時，媒體都會反覆召喚他的故事登場，只不過我立刻轉台，且喃喃自語地說「不然想要怎樣」？

媒體之所以將幾十年前的殺人事件至今仍然舊事重提，反覆強調犯罪的殘酷，也許是認為大眾一定會被這種類型的題材所吸引。那麼為什麼大眾會不斷覺得這種訊息有魅力呢？即使不用引經據典提及各種洋洋灑灑的心理學理論，我們都可以直觀地知道，人的這種反應是與生存本能聯繫在一起的，因為知道在什麼時候、什麼情況下發生犯罪，肯定有助於保護自己在未來免於陷入有可能發生的犯罪。

許多人為了不要成為犯罪被害者，對「犯罪者」相關訊息保持高度警覺，但是對於「不幸成為被害者」會發生什麼事情，漠不關心的程度卻令人感到驚訝。這與我們大腦對恐怖反應的三種方式「戰鬥（fight）、逃跑（flight）、呆掉（freezing）」有關，我們為了決定要有什麼反應，需要的只有關於「犯罪」的訊息，至於被害者在事件後經歷了什麼，並不重要。

儘管如此，很多人卻以自己日常生活經驗為基礎，去推測被害者的想法與心情，並誤以為這就是理解對方，殊不知這樣只會引發無數的誤會。甚至如果被害者恢復比預期來得緩慢，就指責他是無能或懶惰的人；若恢復比預期來得快，又會對他指指點點，數落對方不像個被害者。令人遺憾的是，這樣的誤會形成了偏見，成為對被害者的二次加害。讓我們來看看會讓被害者更加痛苦的幾個代表性誤會與偏見吧。

名為懲惡揚善的陷阱

我的孩子死得如此不值得，一切都是我的錯。我從出生以來就是有問題的孩子，父母只要一有時間就吵架，我在這時候就會帶著年幼的弟弟妹妹們逃跑躲藏，還要忙著為這樣的行為找藉口。就這樣在某一瞬間我突然了解了，我是一個只能有不幸的人。過去十多年裡我結婚生子，不知不覺中我也感到幸福，但我是一個不能擁有幸福的人，而因為我不懂分寸地享受幸福，所以神才會用這種方式帶走我的孩子。

——被害者家屬的真實陳述

許多犯罪被害者在犯罪發生之後，會有一段時間將事件發生的原因歸咎於自己，並且感到自責。當然所有人都知道「沒有人是適合成為被害者的，成為犯罪目標也不是被害者的錯」這個道理，但是當自己成為被害者，要能繼續維持這樣的想法絕非易事。大多數的被害者就像是有強迫症的人一樣，不斷認為「一定都是我的錯」，竭盡心力想從自己身上找出造成被害的原因。

不管是誰，都會覺得被害者「都是我自己的錯」的想法是不合理的。只是不管怎麼勸，都無助於糾正這種錯誤的想法，甚至是經驗豐富的心理創傷諮商師，很多時候也只能說「你覺得好像都是自己的錯，所以這樣會很痛苦吧」來對受害者表達共感，除此之外別無他法。當然被害者也會突然轉換成憤怒模式，對周圍的人表現出敵意、挑惕、敏感的反應，但是大部分的人沒過多久，又會重新轉換回自責模式，繼續折磨自己。

不只是犯罪被害者，許多人在經歷過悲慘、痛苦的事件之後，都會責怪自己，原因可能是為了恢復控制感。所有人對自己的生活必須具有控制感，才能穩定地經營生活，也才會有勇氣面對並接受變化。另外，如果處於陌生狀況之中，稍有不慎就會失去控制感，不只是人類，大部分的生物都相信熟悉的東西才是最安全的，因此無論好事或壞事，都會有排拒「新情況」的傾向[1]。

但是成為犯罪被害者的那個瞬間開始，平凡的日常生活被破壞了，就像被扔進一個和以前完全不同、全然陌生的世界，同時體驗到強烈恐怖與不安，超出了自己可控制的程度，使得被害者迅速感到無力。而「自責感」就是對此的反作用力，為了恢復控制感而做出的掙扎。在事件發生之後，如果迅速轉換成自責模式，認為是「因為我不好，所以才會發生不好的事」，以此為代價產生「以後只要我不再犯同樣的錯誤，就不會再發生不好的事」的感覺，這就是找回控制感。

這種策略在犯罪被害後很有效，讓被害者能以客觀、合理的視角，理解自己所處的情況，並且爭取恢復時間，有足夠的內在力量來處理眼前的情況。因此我們必須尊重被害者表現出的自責感，並引導被害者探究自責感的根源，以現實的視角去面對因果關係。另外很重要的是，當被害者準備好的時候，我們也必須幫助他們利用有益的活動，轉換自責與其內在的憤怒[2]。

這種防禦機制是根基於我們從小透過神話、傳說、民間故事、童話、漫畫、電視劇等，灌輸給我們的「懲惡揚善」價值標準。對人類這個共同體來說，鼓勵善行、懲罰惡行是理所當然且相當重要的價值，不過如果覺得自己沒做壞事卻受到懲罰的時候，原本的懲惡揚善的價值觀，就成了導致沉重自責感的原因。

對於已經把懲惡揚善的價值內化的人來說，成為犯罪被害人，無疑是一種懲罰，因此我們在成為犯罪被害者的那瞬間，就自動開始在自己內心尋找「為什麼我會受到懲罰，成為犯罪被害者」的原因，努力在過往記憶中拼命尋找自己曾經犯下的過錯。而這個過程，就會引發自責感。

令人感到惋惜的是，這種機制不僅只發生在被害者身上，被害者周邊的人同樣會因為已經將懲惡揚善的價值內化了，所以也會本能將被害者歸類為「犯下滔天大罪，才會受到如此可怕懲罰的人」。曾經有被害者家屬，在殺人事件失去了配偶，葬禮結束後回到職場的第一天就聽到同事在背後閒言閒語：「到底是做了什麼孽，要不然怎麼會遇到這種事？」

我們必須確保正義與公正性的存在，才能符合懲惡揚善的規律。但是大部分的犯罪都是在犯人和被害者之間，精神或身體力量的均衡狀態被破壞時所發生的，換句話說，犯罪就是發生在正義與公平性被破壞的狀態下，因此用原先的懲惡揚善規律來評價犯罪事件，就不妥當了。儘管如此，我們的社會仍舊習慣以懲惡揚善的價值標準看待被害者，導致因犯罪事件傷害需要幫助的「人」消失了，只剩下對於「針對善惡的判斷」。

不管當事人以往曾經有過任何失誤或過錯，都不因此代表他有理由成為犯罪被害者。甚至連犯罪的人尚且受到法律的保護，以免受到超過自己犯行程度的處罰。在實際情況下，正當防衛也只有在極其有限的情況下才會被認同，其實也是源於同樣的脈絡[3]，更何況是犯罪被害者呢？難道我們不該深刻反省，這個社會長久以來不平等又殘酷地對待被害者嗎？

破碎玻璃杯理論

醫生，趁我還平靜的時候想請教幾個問題。以前跟您提過的莫名不安感默默消失了，但是取而代之的是我到底在那裡做什麼的疑問……如果用一句話來說，我不知道像我這種人存在這世界上的理由！工作的時候還好，但是不工作的時候，就會浮現許多問號，「我要去哪裡？」、「我在這裡做什麼？」，無法用言語來形容內心的質疑的程度，這有可能治得好嗎？

——被害者家屬的真實陳述

犯罪被害者，尤其是剛經歷事件沒多久的被害者，總是會質疑自己眾多問題，例如「我是不是有精神問題？」當暴露在壓力源之下，我們的身體就會出現一連串反應，包含促進下視丘腦垂體腎上腺系統在內，造成內分泌系統、自律神經系統、免疫系統等生理變化，在精神警覺、記憶及情緒領域產生許多變化。幸運的是，只要當我們身體擺脫壓力，不久後我們就會恢復正常狀態，交感神經和副交感神經又會再度恢復平衡[4]。

不過，犯罪被害者經歷了強烈的心理創傷，即使事件已經結束，對他們來說仍然像是進行式一般，這是因為過度活性化的交感神經（負責警覺狀態）妨礙了副交感神經活動。大約在事件過後一至二週內會恢復正常程度，但又會因人或事件類型，可能造成被害者數週、數月、甚至數年間無法擺脫心理創傷。

折磨被害者的心理創傷後遺症，包含注意力不集中、常發呆等解離症狀、失眠或嗜睡、食慾過度旺盛或食慾不振、突如其來恐懼反應、過度警覺或反應遲鈍、試圖自殘或自殺、與事件有關的特定身體部位出現功能缺陷、痲痹或疼痛；另有幻覺、妄想、思考障礙等急性精神疾病症狀，相當多樣化且複雜。對被害者來說，光是參與處理事件的過程，就已經足以讓他們感到吃力，以上提到的這些症狀又是非常陌生且混亂，經常會誘發永遠無法恢復的莫名恐懼。

在這樣的情況下，為了調節被害者的心理創傷症狀，可能需要開立精神科藥物加以治療。可是單是向被害者提出吃藥的建議，就可能破壞治療者與被害者的治療關係（醫病關係）。若專家建議被害者接受精神治療，對被害者來說就像意味著「我自己無法自然痊癒」，如果再加上被害者誤會只要一開始服用精神科藥物就永遠無法戒除，那麼被害者的反抗就會更加嚴重。因此在諮商實務上，常需要反覆針對心理創傷提供心理教育。

這種心理教育的目的，主要是為了提供關於心理創傷在生物學、心理學、社會影響上的正確資訊，讓被害者知道心理創傷會帶出來一系列症狀，這是很自然的。雖然恢復速度因人而異，重要的是一定會漸漸恢復。透過心理教育提供的訊息為基礎，被害者可以對現在症狀作出合理解釋，也可以對未來可能出現的症狀有心理準備，知道症狀會隨著時間而惡化，或是出現其它症狀取代原症狀，但也會知道這是自然的過程。

在心理創傷恢復的過程中，隨時都有可能會出現新的症狀，或者原有症狀暫時惡化。雖然有時候是因為外在環境的壓力導致原有症狀惡化，有時也代表被害者有了力量，可以回頭檢視心理創傷的記憶，並重新處理這些記憶。換句話說，症狀出現是一個機會，可能會幫助被害者再度處理心理創傷，因此身邊的人和諮商者應該幫助被害者理解自己，不要讓他們用負面方式解釋「出現新症狀、原有症狀惡化」等現象，以免他們過度灰心氣餒。

在心理創傷後，經歷暫時性的精神混亂，是非常正常的事。這些症狀在被害者內在自我治癒的力量和專業心理諮商的幫助下，是充分有可能恢復的。但是除了造成心理創傷問題的犯罪事件外，如果還有其他因素，例如過去的複合性心理創傷經驗、犯罪事件發生前已有的心理問題、幫助恢復需要的內在外在資源貧乏等，此時恢復的速度就會顯得緩慢，但是症狀一定會隨著時間漸漸好轉。

甚至就連殺人事件的被害者家屬，原本強烈抗拒「好轉」，隨著時間的流逝，也會本能地把事件默默留在過去。因此，諮商師可以用充滿確信的語調，對被害者說：「你一定可以恢復的，恢復的方法和速度也是你可以調整的。」告訴被害者這些話是非常重要的。

只是做這件事的時機也是非常重要的，如果草率地告訴被害者他一定會好起來，可能會使被害者誤會「你因為沒辦法共感我的苦痛，才會輕易說出這種話」。因此被害者的家人或朋友最好盡量不要輕率說出「你會好起來」，只要對被害者表現出的痛苦有所反應，表達共感就好。從經驗來看，光是這樣就已經相當足夠，剩下的就只能靠被害者自己了。

成為犯罪被害者，並不代表生活會徹底崩壞，也不代表會成為精神殘疾的人。受害者只要透過適當的照顧與心理介入，甚至有人完全靠著自身的自癒力量，就能恢復過去的日常生活。如果已經過了一段足夠的時間，被害者仍舊無法從犯罪事件導致的精神後遺症恢復，或症狀更加惡化，那可能是第二、第三因素造成的。此時就須要觀察是不是受害者身旁的人或整個社會共同體變成了妨礙被害者恢復的原因。

要求被害者符合「被害者形象」

假設有一天，你在醉到不省人事的狀態下，搭了職場上司的車，接著就失去了意識。等到因口渴從睡夢中醒來，發現自己和上司兩人赤裸地躺在床上，這時你會怎麼辦？如果深夜結束加班後回家的路上，在暗黑到小巷裡被突然跳出來的男子性侵了，你會怎麼辦？該怎麼行動，才會「像」一個被害者呢？

所謂「被害者形象」，指的是外界預期被害者會擁有的各種個性、行動、想法等。[5]一般來說，「像個被害者的行為」包含了在犯罪被害後立即向調查機關申訴舉報、表現出恐懼及害怕、因犯罪的衝擊而長期感到痛苦等。雖然被包裝成「常識」、「自然」，但是實際上被害者形象只不過是反映主流社會的視角或偏見的概念罷了。[6]近年來關於被害者形象的討論相當活躍，似乎已形成充分的共識，認為討論被害者形象已是無意義的事了。

只不過在刑事司法程序中，被害者形象仍舊是重要的話題，甚至還有這樣的主張：「性侵被害者的典型行動模式，稱之為『被害者形象』。雖然一般已廣泛相信，要求被害者表現出被害者形象，是很不道德的，但這種看法並不適用於『狹義的被害者形象』，因其仍為必要，方能在法庭上有合理根據，足以評價當事人陳述的可信度。」[7]這裡所謂的狹義被害者形象，指的是當事人對於事件毫無保留、一貫且正直地陳述，同時在情境脈絡下當事人以社會一般人認為的、符合常理的方式行動。

但若被害者陳述的一貫性或一致性不足，或是被害者不願說出自己經歷的所有一切，我們不能就這樣認定他在說謊。他也有可能是因為對於發生在自己身上的情況，還沒有充分的認知和理解，也可能是因為該次事件太過驚嚇，導致認知功能的效率暫時下降。另外還有很多情況，都會導致陳述的一致性與一貫性降低，例如類似事件反覆發生，被害者在陳述時無意間將幾次事件的記憶混雜在一起了；又例如被害者沒有正確理解法庭上的提問等。試問，若僅因為受害者遭到犯罪傷害，就要求被害者放下羞恥心，必須說出所有一切——甚至與事件無關、相當隱私的訊息都得全盤托出。這樣的要求公平嗎？絕對不公平。然而加害人不僅不必背負這樣的義務，而且還被賦予了「緘默權」與「不自證己罪的權利」。

常識指的不是專業知識，不是絕對標準或客觀事實，而是指社會成員共同認為理所當然的價值觀。這也代表著，我們很可能會把許多人共有的偏見，讓它搖身一變成為常識。為了避免這樣的錯誤，在判斷常識性時，要排除偏見和固定觀念，同時仔細考慮不同的個人所處的情況。但人類會自動地去想到自己的「基本價值觀（亦即常識）」，因此要有意識地在腦中排除這些基本價值觀，即使對身經百戰的心理專家來說，也絕非易事。

本章一開頭提到的案例中，渾身赤裸的被害者醒來後發現自己皮夾不見了，因此「小心翼翼」叫醒熟睡中的上司，拿到了計程車費後，還搭了上司叫的計程車回家。第二天下午被害者打電話給上司，詢問到底發生什麼事，過程中沒有生氣或大聲叫罵，反應非常平靜。再假設，被害者第二天晚上還跟上司一起吃晚餐的話，那麼他在狹義中，能算是有被害者形象嗎？換句話說，他的行動符合一般人的常識嗎？

如果想要正確評價他的主張是否符合常識，那就必須了解他平常的個性（例如：經常感到自責、被動、退讓迴避）、他與上司的關係特性（例如：上司擁有人事權）、他所認知的上司特性（例如：他相信如果上司自認受到侮辱，就會暴跳如雷發脾氣並且挾怨報復）、他所處的現實情況（例如：即將面臨升遷審查、有家人要扶養）、事件當時他的精神狀態（例如：爛醉如泥）、還有他的性知識與對性的態度（例如：性意識非常嚴謹保守）等相關訊息，才能掌握客觀且正確的情報。尤其在性侵案件中，一般社會大眾（以及被害者），與刑法司法相關人士之間，彼此各自所具備的「常識」其實差異很大，因此如果不考量上述這些資料，就直接討論被害者行為是否符合常識，或討論其被害者形象，是相當不妥的。

A一直以來都以進入大企業B公司工作為目標，大學生活裡總是與社交活動絕緣，一心一意專注在累積自己的學經歷。在畢業的同時，被聘為B公司的實習生，如果沒意外的話，預計六個月結束實習生活後就可以轉換成正式員工。結束了一週的新人入職教育，懷抱著期待的心情來上班的第一天，A在走廊上遇見了金課長，在教育過程中一直獲得他很多幫助。A帶著愉快的心情大聲地打招呼，金課長也面露開朗笑容，大步地走過來，伸手擁抱A後，用右手抓了一下A的屁股後就走了。A瞬間腦子一片空白，全身僵硬動彈不得，直到路過的同期同事拍拍他的肩膀後，才回過神來。

如果你是A的話，你會怎麼反應呢？被金課長摸了屁股後，就立刻表現出明確的拒絕，並且要求道歉嗎？理論上來說這是最適當，也是最棒的策略，但如果這樣做的話，金課長難道就會承認這件事，並且爽快地道歉嗎？大部分情況下絕非如此。金課長在承認摸屁股的瞬間，必然也會失去許多東西，因此別說是道歉了，甚至有很高的可能性會誣陷A為「構陷無辜上司為性騷擾罪犯的無禮新人」。

那麼先忍耐，等金課長離開後，跟公司前輩、上司或公司內人權中心負責人說明，並請求幫助呢？這也是很好的策略。實際上，上司和人權保護相關人士或許一開始會提供有益的建議，但是等到金課長正式開始反擊後，情況可能會發生一百八十度大轉變。剛獲聘且第一天上班的新人實習生A，和在公司內掌握著不少權力的金課長，兩人之中他們會比較相信誰的話呢（或是想要相信誰呢）？更何況這件事如果以任何形式傳開的話，肯定會對A的評價造成負面影響，或許還會成為六個月後轉換正職時審查的絆腳石。

那麼去報警呢？報警是被害者理所當然的權利，但在現實中，很難保證報警是最合理的決定，這在以下的被害者陳述中可以證明。

> 到目前為止，我失去太多、太多了。現在沒辦法相信人，沒有理由就覺得很煩、很討厭。明明我就是被害者，但是我卻得接受調查，還要被質問是不是說謊，被別人懷疑。現在不管是起訴還是什麼，只希望這種情況能夠盡快結束。早知道是這樣的話，當初根本就不會告他。現在因為擔心被他反告我誣告受處罰，也沒辦法撤訴……彷彿就像掉入無法逃脫的泥沼中。
>
> ——性侵被害者親口陳述

那就乾脆一直忍耐，假裝若無其事繼續上班，盡量避開金課長不就行了？這似乎是不錯的策略，但是令人遺憾的是，性暴力是屬於漸進式的，通常犯人會先透過輕微的身體接觸，減少對方對性方面刺激的反感。萬一被害者拒絕的話，就會辯解說「這又沒什麼，有什麼好大驚小怪的」或是「只是不小心的」，然後再度伺機而動，下次又會再度嘗試身體接觸，逐漸提升性接觸的強度。換句話說，金課長不只會捏捏屁股，更可能逐漸升高性騷擾的程度。

不幸的是，再加上考慮到金課長是職場上司這一點，A恐怕難以免於金課長這種行為的影響，也可以預料A很可能會反覆暴露在性暴力之下。儘管如此，等到A忍無可忍之後決心向外部求援，這時不只是A周圍的人，就連刑事司法相關人員也會懷疑A的陳述內容是否真實，覺得A不具備被害者形象，因為A這段期間以來並沒有立即提出反應（其實A是為了生存，而假裝沒關係）。

現在我們再問一次：如果你是A的話，你會怎麼反應呢？大部分人在現實生活中碰到類似情況的話，都會選擇默默地獨自忍耐，因為與其試圖改變外界環境，大部分人會認為改變自己的想法與情感會比較容易且有利。至少在初期時，這種策略看起來是成功的。

但遺憾的是，無論是性暴力、身體暴力，又或是金錢、精神方面的剝削，被害者越是忍耐，犯人就越是大膽地提高犯罪力度，被害者也越是會漸漸無法擺脫困境。到了這種時候，被害者對自己的錯誤判斷感到後悔，並且想向外界求助。但為什麼許多被害者根本不敢揭露事實，反而選擇繼續忍耐或乾脆自我毀滅呢？因為被害者自己也知道，這段時間以來自己表現出來的行動，並不符合被害者形象，自己所述的真實性會遭受懷疑。

我們不是要無條件相信被害者的聲稱，也絕對不是在沒有合理證據下，就要嚴懲被指證的犯人，因為以下這些情況確實存在：為了誣陷某人而謊稱自己犯罪被害、在誘導提問下回答錯誤造成後續連帶影響、非被害者被錯誤分類為被害者等。

但是在沒有充分理解犯罪事件、被害者，以及被害者所處環境等的情況下，僅憑自己的偏見或者僅因偏袒涉嫌的加害者，就急於懷疑被害者的真實性，這樣是不對的。在沒有客觀證據，只有被害者陳述的事件中，對於陳述內容的常識性與邏輯性固然要加以評斷，但也不必非要死守著「要符合被害者形象，此時的被害者陳述才有可信性」的想法[8]，若是這樣的話，就是缺乏邏輯了。

無知的共犯

二〇一八年三月發生了一起憾事。妻子主張自己遭到丈夫的朋友性侵，結果那位朋友一審獲判無罪，那對沮喪的夫妻（才三十多歲）便結束了自己的生命。這對夫婦是否受到了冤屈，引起社會高度關注，媒體爭先恐後報導說這對夫婦自殺的決定性理由，就是那個無罪判決。後來大法院肯定了被害者陳述的可信性，推翻了無罪判決，被告於次年四月被判有罪。這個指標事件證明了，對於「性認知的感受」是多麼重要。

可惜在這次事件之前與之後，被害者自殺的消息仍舊頻傳。有位女性患有產後憂鬱症，又不幸遭到網路上認識的男性所強暴，調查人員不顧被害者「別告訴丈夫」的懇切請求，仍舊向被害者配偶傳達了這件消息，最後被害者因為無法忍受丈夫的指責而自殺了。另一位性侵被害者在法院陳述證詞時，遭到被告辯護律師侮辱性提問之後感到巨大的痛苦，於是選擇自殺。有位被害人被以往的交往對象偷拍又散佈了性愛場面，被害者因此放棄了職場，整天埋頭在網路上尋找被散佈的影片，然後要求對方刪除。後來有天接到朋友電話告知看到自己的性愛影片，於是在當天就自殺了。

他們為什麼自殺呢？許多被害者經歷了犯罪的第一波衝擊，都曾有過自殺的衝動，其中有些人自殺未遂，也有些人成功自殺。但在更多的案例中，讓被害者做出自殺這樣極端選擇的決定性因素，並非第一次傷害，而是第二次傷害。所謂的第一次傷害，指的是因犯罪行為造成被害者肉體和精神上的損失；第二次傷害指的是犯罪事件結束後，被害者經歷一連串的損失（如私生活被侵害、喪失勞動能力導致失業和經濟困難）；第三次傷害指的是因犯罪被害後引起的長期後遺症（例如：兒童時期持續暴露在校園暴力中的人，在成人時期自殺率的比例較高）[9]。

上面所述的夫妻兩人一起自殺的憾事中，犯人不僅是被害者丈夫從小認識的朋友，還是案發當時的事業夥伴。犯人獲悉性侵案進入調查後，竟然向外散佈謠言稱，「被害者發現她與我的不正當關係即將曝光，為了避免丈夫的指責，所以誣告我」。第一審判決開始之前，夫妻二人所屬的地方社群已經明確定調該事件為「無罪」，更將被害者夫妻烙上了「誣告的壞人」烙印。

在這種情況下，被害者夫妻只能將希望寄託在地方法院了，奈何一審裁判無罪，而周圍的人都認為「早就知道這是無罪的」，逼使已經走投無路的這對夫婦以死明志。兩人「成功」明志之後，這個世界才終於知道：原來他們是真正的被害者。但已死的兩人無從得知外界對他們的評價已經改變，而世人也不知道自己原來才是逼死這對夫婦的人。

對犯罪被害後遺症的相關研究充分說明了，犯罪本身（即第一次傷害）對被害者的精神健康會造成嚴重的影響。而不管是哪種類型的犯罪事件，若與自然災害及交通事故相比，犯罪受害者更有可能出現以下的 PTSD 核心症狀：對於事件反覆及滲透地進行回憶、一再體驗到惡夢、出現對事件相關的刺激迴避行動、刺激過敏性、負面思考增加等[10]。如果事件不是一次性，而是反覆發生的情況，那麼還可能會出現憂鬱、不安、絕望、解離、濫用物質、自殘、試圖自殺、人際關係問題、無醫學原因的身體不適等「複雜性 PTSD」[11]。

前述的這種困難，可能會惡化成第二次傷害——有時二次傷害會比第一次傷害更可怕，使被害者生活陷入困境。值得關注的是，造成二次傷害的並非我們以為的媒體或刑事司法機關；造成最常見、最嚴重二次傷害的人，反而是被害者身邊的人，甚至是家人[12]。遺憾的是，在這種情況下，身為二次傷害的加害者，被害者身邊的人甚至無法意識到自己的行為正是二次加害。

這可能是因為一般人並不理解犯罪被害經驗的獨特性。有位家屬因殺人事件失去年幼的女兒，事發一年多之後有天覺得自己被平常相當依賴的鄰居侮辱了，於是諮商時不斷哭泣又動怒。她悲痛的是，鄰居竟然說出「快點忘記已經死去的孩子吧，快生第二個孩子來填補空虛的心」這樣的話。鄰居可能是過去一年多以來，在被害家屬身邊觀察了他們的喪失感及悲痛，身為他們的鄰居，認為「再生一個孩子」是補償喪失感最好的方法，所以提出這樣的建議。

但受害家屬即使到了現在就連死去孩子的照片都還沒辦法看，光是聽到孩子的名字就會不自覺爆哭，看到與孩子年齡相仿的小孩就會感到一陣難以忍受的悲痛。對她來說，「忘記吧」這番話實在太過殘酷，「生第二個孩子吧」的話簡直就是瘋言瘋語。鄰居不可能不知道被害家屬還在傷痛，那麼為什麼還會說出這樣的話呢？原因就是，鄰居沒有經歷過，很難理解被害者所感受的痛苦深度。鄰居這樣的反應，可能就是「缺乏共感」。

字典上共感的定義為「對他人的感情、意見、主張等，自己也有相同感受的心情」。在心理治療中的定義則不太一樣，共感是理解他人內在世界與內在依據的標準框架，強調「即使沒有相同經驗，也可以理解他人的內心，保持與他人的心理界線」。這就是共感與「同感」有所區分的地方。

我們經常誤以為即使沒有親身經歷，也能輕易共感對方的痛苦，因此認為自己的理解是正確的，相信自己的言行已經充分具有共感。但是以自己的經驗為基礎，很多情況不過是推測的，只不過是暫時的同情，或是假裝具有共感的言行。當然同情與憐憫會使得我們想要幫助別人，也是共感最重要的基礎，具有明確的價值。但是如果只是以自己主觀想法與感情為基礎的推論和同情，而想要完全理解他人並給予適當的幫助，那就會受到相當大的侷限。

每當出現陌生的情況，人類就會努力想去「理解」這陌生的情況，因為只有從認知上理解，才能防止同樣問題再次發生。但是實際上要用認知去理解這社會上所有的一切，這是不可能的。因此我們隨著經驗的累積，就必須要承認這世界存在著無法理解的現象，也要學習培養「有時無法理解事物」的雅量。

暴力犯罪對被害者來說是非常陌生的事件，會產生強大的衝擊，此衝擊與多種因素結合後，將對被害者造成相當複雜的反應。其中一部分的反應，不僅是被害者周圍的人無法理解，甚至是被害者自己本身都無法理解。若旁人以自己的內在標準為基礎，去揣測被害者的經驗，錯誤理解了被害者的感受，接著輕率給予被害者意見，這時就有可能會造成二次傷害（儘管旁人不是故意的）。因此犯罪被害者身邊的人應該要意識到這樣的侷限與困難，並加以注意。

那麼，曾遭受暴力犯罪的被害人，是否能夠正確理解與共感其他犯罪被害者的心理呢？可惜的是，並非總是如此。每個人都在自己的經驗範圍內思考與行動，很難完全擺脫「他人和自己一樣」的自我中心思考方式，即使曾有犯罪暴力被害經驗，依舊會傾向自我中心思考。曾有被害經驗的人之中，有些會將自己的經驗過度普及，認為其他被害者也和自己一樣，於是輕率地提出建議；要不然就是認為其他被害者和自己不一樣，因此表現出默默指責或試圖控制的傾向。

以上這些都是錯誤共感的例子。無論是對被害者的共感，還是對加害者的共感，只要欠缺客觀性和中立性，就不能看作是真正的共感，其造成的結果可能殘酷到無法想像。我們必須要特別注意認知心理學者保羅・布魯姆（Paul Bloom）博士「錯誤的共感會招致災禍」的警告。[13]他強調如果對於個人情況過度共感，就會無視外在客觀根據，可能引發難以接受的集團主義。

在同樣的脈絡下，我在協助犯罪被害者的過程中，為了防止對被害者造成二次傷害，提出了幾個基本方針。其中包含：不要認為自己是犯罪被害者，就可以理解所有其他被害者；不要因為自己的想法和經驗不同，而試著改變他人；如果想要說出自己遭受的犯罪事件，要先得到對方的允許；當其他被害者想分享自己曾遭受的犯罪事件，但自己不願意聽的情況，要以明確的言語拒絕；所有的決定都是自己做的，要願意承擔責任等。

讀到這裡，我們已經對被害者的各種痛苦多了一點理解。從如果「當初被害者沒有成為犯罪目標，就不會發生痛苦」這一點來看，讓被害者陷入痛苦深淵的主要原因，的確是「犯罪事件」。問題在於，除了犯人，另外存在著太多「共犯」，其中有些共犯誘發了比犯罪更可怕的二次傷害，但這些共犯卻完全沒有意識到自己也是加害者。

如果是你，就能躲得掉嗎？

二〇二〇年十二月二十四日，平安夜，一位急救人員卻在職場環境遭受毫無緣由的暴力相向而死。案發後犯人即使知道被害者已死亡，卻對被害者屍身置之不理，直至事發後七個小時才打一一九報案。這起事件的被害者家屬透過青瓦台國民請願留言板哭訴冤屈，於是網路上以「金海急救人員死亡事件」為題的文章開始流傳開來。

後來發現，原為被害者職場上司的犯人，平時不僅會要求被害者做些瑣碎的跑腿，甚至還要照顧犯人的寵物狗。犯人還在被害者家裡設置監視攝影機，監視被害者的一舉一動，就像對待奴隸一般。這些事實揭露後，引起全國人民的怒火，同時也出現「為什麼一個健壯的成年男性，無法自行脫離這樣的環境」的疑問。

這樣的疑問不只侷限於這起事件。有些被害者為了得到永生或天國的門票，捐出自己所有財產給宗教機構還不夠，更得忍受剝削與暴行；有些家暴被害者反覆遭到虐待與暴力，依舊努力幫加害者辯解；有些被害者受到殘忍的校園同儕團體暴力，忍無可忍之下卻未向外求救，而是選擇結束自己生命；又或是有的被害者因詐騙結婚後，遭到各種剝削，同時為了讓配偶滿足而犧牲奉獻，後來卻被配偶壓入水中淹死或打死、或失蹤生死未卜至今。我們一方面帶著遺憾的心情，一方面也好奇，為什麼被害者無法選擇合理的應對方式。如果被害者無法提出可接受的「辯解」消除大家的好奇心，我們就會把被害者和犯人看成是同一夥人，或是給予被害人「不聰明、不明智」的評價，默默認為是被害者促發了犯罪行為，並在被害者身上印上烙印。

為什麼我們會以這麼不合理又嚴苛的方式看待被害者呢？這樣的行動對我們有什麼好處？雖然有各式各樣的原因，最重要的原因是我們以為，在「因為被害者的錯誤而導致犯罪」的類似事件中，我們只要不做出像被害者一樣的行動，則相似的可怕事件就不會發生在自己身上。不過，與我們的想法相反的是，所有的犯罪事件中，決定犯罪發生與否（也就是犯罪原因），永遠都不在被害者身上，而是在加害者身上。

當然，在互相挑釁爭執之後發生的暴力行為與殺人情況也不在少數，但是即使是這樣的情況，最後決定訴諸暴力和殺人的，還是加害者，而非被害者。犯罪是因為犯人決定以特定人物為目標進行犯罪而發生的，例如：暴力行為是因為「犯人產生想打人的念頭，並且判斷可以毆打對方，因此決定打人」而發生的。[14]亦即當打人時，加害人認為即使被報復或受到法律處罰是值得的。唯有加害人發現這會讓自己後悔，才會讓暴力衝動得到更好的控制。許多事件中，雖然犯人都會主張自己並非故意傷害對方，但是除了極為罕見的情況外，大部分的犯罪都是犯人沒有抑制自己衝動而發生的。

幾年前發生了公司高層主管對著下屬職員的臉吐口水、丟東西、肆意辱罵等仗勢欺人的惡劣暴力行為，轟動了世界。事件中的加害者主張，犯罪原因是因為婆家管得太嚴格，導致她的衝動控制障礙，因此請求法院從輕發落。但令人印象深刻的是，唯獨在惡言相向與暴力行為受到處罰可能性明顯較低，也就是判斷對方是「可以辱罵與毆打的對象」時，該事件加害者的衝動才會無法控制。

那麼，即使被害者充分具有身體、精神方面的能力，為什麼無法擺脫犯人的手掌心，反而不斷遭受犯罪的傷害呢？為了要了解這件事，我們首先要認同一點，那就是人類不僅具有以合理、正確的方式思考的傾向，也同時具有「以不合理且不正確的方式思考」的傾向。合理的理性情緒行為治療法（rational emotional behavioral therapy, REBT）創立者阿爾伯特・艾利斯（Albert Ellis）以此事實為基礎，強調人類是「在失誤的過程中成長，學習和平生活方法的存在」[15]。

我們的人生中經常會產生一些不合理的信念，而且有時候明知道這不會讓生活更好，卻又無法放棄，反而維持著不合理的信念。在此過程中，根據需要會使用否認、壓抑、合理化、反向作用、補償、投射等多種自我防衛機制，有時更不惜採取欺騙自己的極端策略。甚至在形成「自己是個無能力之人」的不合理信念後，為了堅守這個信念，也會表現得讓自己看起來很無能。心理學將這種現象稱為「自我實現預言」（self- fulfilling prophecy）。

無論是誰，我們經常會陷入這樣的錯誤之中：頑固地抵抗外界「想要矯正錯誤」的要求。為什麼會這樣呢？那是因為我們渴望保持一貫性。先前說過，比起陌生的事物，「雖然不方便，但是熟悉的事物」會給我們更安全的錯覺，所以生物本能喜歡維持同樣的狀態，即使有時是以生命為代價，依舊如此。

即使在犯罪被害的情況下，這種「維持一貫性」的現象也不會有所改變，越是反覆被害的被害者，越是會為了保護自己，與其努力積極改變外在環境，更傾向選擇改變自己去適應環境。就像家暴案例中施暴者痛打受害者之後，又說自己深愛著受害者，請求受害者的原諒，於是被害者自我安慰地說「除了會打我之外，他是個完美的人」，或是試圖欺騙自己，說服自己是因為他太愛自己了。

在宗教剝削案例中也是這樣，同樣的狀況發生在他人身上，可以清楚知道是犯罪行為，但發生在自己身上卻選擇盲目相信，沒有懷疑與批判。這是因為如果承認自己相信、跟隨、奉獻一切的對象，只不過是個邪教教主，那就等於否定自己過去與現在的人生。

曾有一位被害者，她姐夫說偷拍了她與戀人性關係的影片，並將散佈在網路上（這是謊言），這位被害者深信不疑，於是過了八年彷彿是姐夫奴隸的日子。後來就連「其實根本影片沒有被散佈在網上」的客觀證據放在她眼前，依舊無法相信。因為只要承認的瞬間，過去八年的生活就會全盤被否定。

本段落一開始那位過著奴隸般生活、最後死於暴力行為之下的急救人員也是這樣。他在父權體制文化下成長，照著一直以來所學的那樣，無條件地聽從加害者職場上司的指示。不僅如此，有時他自己犯錯，但遭到上司要求付出不合理的犯錯代價時，他的反應不是埋怨上司，而是接受「這是我的錯」，接著謙遜地承擔來自上司不合理的要求。「苦盡甘來」這句話讓他相信，即使委屈也要全盤接受忍耐，這才是美德；只要忍耐，總有一天會發生好事。如果是一般的狀況下，我們可能會稱讚他是個「有禮貌」、「善良」、或是「溫順」的人，但現在他遭到毫無緣由施暴後死亡，我們對他人格特質的評價，肯定也會與以前不同。

加害人反覆施暴，被害者卻無法擺脫，原因也可能是心理創傷引起的腦部損傷。在心理創傷的情況下，被稱為「情緒大腦」的邊緣系統（limbic system）如果判斷有勝算就選擇戰鬥，沒有勝算就逃跑，如果戰鬥或逃走都不可能的話，就迅速選擇昏倒、失去感覺和記憶等急凍反應。這種反應是本能的、即時的，不受平時負責理性判斷的前額葉影響。不受前額葉（理智的大腦）控制的邊緣系統，只會為了生存即時做出反應[16]。

過去五年來，滿十四歲以上人口的暴力犯罪被害率為百分之零點三七到零點五七左右，至少與我們擔心的程度相比並不算太高。但是成為犯罪被害者的瞬間，被害者的大腦就會將情況理解為「被害的機率為百分之百」，從此在「犯罪隨時都會再度發生」的恐懼之中瑟瑟顫抖。為了應對這種恐懼感，於是進入了長期的警覺狀態，即使事件已經結束了，邊緣系統激活狀態卻難以平息，就算暫時平息下來，只要一有細微的刺激，也會迅速再度活化，啟動生存模式。

這樣會耗盡受害者所有的精神能量，再沒有力氣對現實的要求作出反應。此時的受害者很難集中與維持注意力，所以會出現大大小小的失誤，包括健忘、失神、發呆等解離的症狀。不僅如此，只要暴露在與事件類似的情境之中，心理創傷的記憶就會再度活躍，彷彿回到事件當下，表現出強烈的情緒反應[17]。值得慶幸的是，如果沒有特別的理由，大部分的情況下大腦機能都會隨著時間漸漸恢復，心理創傷的症狀（雖然會有程度差異）也會漸漸好轉。

可是如果反覆、頻繁暴露在犯罪被害的情境中，連恢復大腦損傷所需的「最低安全時間」都沒有，到最後被害者不僅要對抗現在的心理創傷，也要同時面對被喚起的過往心理創傷。隨著這種情況反覆出現，被害者戰鬥或逃跑的反應迴路也壞掉了，「急凍」反應成為優勢，急性的恐懼與不安此時被「為了生存而屈服和順應」的心理所取代，過度警覺性反應會轉換成解離或情感識別功能障礙。

像這樣因為反覆暴露在犯罪下而造成的心理創傷事件中，情緒腦和理智腦的功能會受損，可能會導致嚴重的認知缺陷。下一步，受害者的思考能力、判斷能力和適應能力也可能嚴重下降，墜落到無法獨立生活的地步。在這種狀態下，被害者能做的最佳選擇，或許只有無條件服從與順應犯人吧，就像在平安夜裡一夜成名的那位急救人員那樣。

「一看就知道」的錯覺

出現在童話或兒童劇裡的人物，不管是長相、表情、化妝方式、衣著、行動等外貌，只要一看就可以分辨是好人還是壞人，例如壞人沒有眼睛，或只有一隻或三隻眼，有時候是沒有頭又或是好幾個頭。隨著這種經驗累積，兒童會陷入一種錯覺，以為只要光看外表就能掌握這個人的好壞。這種錯覺會持續到成年期。實際上我們身邊有很多人相信自己有能力光憑他人的外貌，就能知道那個人的個性、職業、年薪、結婚與否、今後發展可能性，卻作夢也沒想到這不過是自己生活中累積的一堆刻板印象罷了。

以外貌為基礎來推論個性的傾向，是一種本能的自動反應，這可能是人類長久以來為了生存，須要快速判斷對方是友還是敵，在那樣的環境中，外貌是提供決定性線索的重要訊息來源。在心理學中，則用「內隱人格理論」（implicit personality theory）來說明這種現象。內隱人格理論是以個人過去經驗為基礎所建立的一種信念體系，人們會以此為基礎，根據他人的幾種外在特性推論其性格[18]。

因此當發生令人髮指的犯罪時，許多人會預期犯人肯定有著不同於平凡人的外貌；若在犯人外貌上找不到特別之處，就會仔細檢視他的職業、宗教、人種、性別，甚至是他曾上過的幼兒園，想要確認他具有犯罪的獨特性。為什麼呢？因為相信犯人具有不同於我們的特徵，所以只要我們留神注意，就能事先發現他們。我們以為，也只有這樣才能讓自己免於受犯罪侵害，保持安全。

但最新的全國犯罪被害調查結果顯示，加害者與被害者相識的情況，佔了百分之七十八到百分之九十七點六。由此可以看出，比起陌生人或奇怪的人，看似平凡的人犯罪的情況要來得多更多。二〇二〇年震驚全韓的「高宥貞事件」（按，又譯高有情，家庭主婦殺害前夫，並用她化學專業毀屍滅跡的案件），直到犯行被揭露之前，犯人一直是鄰居眼裡平凡且溫順的人。

儘管如此，當發生兇殘可怕的犯罪事件時，我們還是寧願相信犯人是精神變態……不對，更精準地來說，認為他們「必須要是」精神變態才行。不僅如此，我們也認為精神變態都具備獨特的外貌和行動方式。但並非所有的犯罪者都是精神變態，而且就連被專家診斷為精神變態的犯罪者，大部分都有著平凡的外貌，甚至有部分的精神變態者，平時被評價為「有魅力的人」，心理變態檢測量表開發者羅伯特・海爾（Robert Hare）博士將這種情況命名為「精神變態魅力」，並將精神變態者以「絕對不綁住舌頭的人」、「不受社會習慣約束的人」來形容[19]。

但這不代表我們的鄰居會在某個瞬間就突然變成暴力犯罪者，所以每時每刻都要提防，所有的鄰居都要提防。事實上，暴力犯罪事件發生率比我們想像的還要明顯低許多，雖然許多人感嘆兇殘犯罪越來越多，但實際上人類自有紀錄以來，犯罪死亡率從未像現在這樣如此低過。我想要強調的是，某人的長相、穿著打扮、職業、性別等特徵，都不能成為推斷此人「會不會犯罪」的適當依據，因此被害者要能提前察覺犯人的惡意，以求保護自己，絕非易事。亦即，某人成為犯罪被害者，並不是因為他愚笨、判斷力不足或他自己也很壞。

有人成為犯罪目標，是因為那天、那時、在那個場所，他的運氣極度不好；而我之所以還未成為犯罪被害者，則是因為那天、那時、在那個場所，我的運氣比被害者還要好。

犯罪不是因為被害者提供了犯罪因素，而是因為犯人決定犯罪才發生的。如果活至今日還沒遭受犯罪傷害，不是因為我們特別善良或優秀，只是目前為止我們還很幸運。

和解，資本主義的雙重面孔

我有一位長時期的被害者個案，他最近終於從犯人那拿到了五百萬韓元的賠償金（按，約十四萬台幣），之後就斷了聯絡。某種程度上這也是預料中的事，很多被害者只要從犯人那裡拿到賠償金，就會和諮商者斷絕聯繫。或許對此有人會解釋為「因為損失已經用金錢得到了充分的補償」，但事實上更多情況是因為「被害者無意識中的超自我感到內疚」這個原因。根據佛洛伊德的理論，超自我是一種精神力量，透過與養育者互動過程中內化，並由道德原理所支配。超我發展良好的人，無關補償或處罰，都會朝著社會期許的方向行動；發展不好的情況，則會感到罪惡感與羞恥心。

在資本主義社會裡，「用金錢來補償損失」是相當理所當然的事情。但**對被害者來說，並不是拿到賠償金之後創傷後壓力症狀就會消失，不能彎曲而無法工作的手指就突然可以彎曲，在身體及精神痛苦中度過的時間就可以倒轉**。當然，賠償金可以多少可以填補大大小小的經濟困境，但若因此認為光靠這些賠償金，就能完全恢復所有損失，不過就只是幻想罷了。儘管如此，許多被害者在領取賠償金的同時，覺得自己從國家得到保護的權利消失了，亦即不少被害者透過協商和解得到金錢和罪惡感，而自行放棄了被害者的權利。

之所以會這樣，有兩個方向可以說明。資本主義社會裡瀰漫著拜金主義的社會氛圍。把這種價值內化的被害者，拿到賠償金的事實會導致他產生「因為錢而和壞人和解」的感覺（至於因為痛恨這種感覺而不願和解的人，則更多），於是認為自己沒有資格繼續痛恨犯人。一旦被害者有了這種不合理的想法，就會覺得自己身為被害者，不再應該得到國家的保護與照顧。

幾乎所有和解書上都包含原諒犯人、不希望處罰犯人的意思，但這樣更是在被害者這種想法上火上澆油。即使內心恨不得可以處罰犯人，但既已決定和對方和解了，在和解協議書上不可能不寫上「不願意處罰對方」等字句。被害者表示不願意處罰犯人，是量刑最明確的事由（獲得較低刑度）。假設被害者在協議書上不肯明確表達原諒犯人等字句，那麼要犯人支付賠償金的可能性很渺茫。

在大多數的情況下，對犯罪者來說，提出賠償金並不是出自於犯人對自己的行為造成被害者痛苦，而感到真心的憐憫與後悔；也不是出自補償的意圖，只不過是減輕刑罰的手段而已。因此即使被害者不接受和解，犯人在法庭上也會強調自己為了和解付出了多少努力。如果法院不採信，犯人還可向法院提出金錢擔保[20]，讓法院展現自己正在努力和解，甚至還會提出捐錢給被害者支援團體的收據。法院往往會認為這是被告努力試圖和解的證據，因此積極考慮降低量刑。

被害者在達成協議之後，自行放棄被害者權利的另一個理由，很可能是為了解決認知失調（cognitive dissonance）。大部分受害者會達成和解，不是因為原諒犯人，而是因為在現實中不得不答應和解協議的要求。結果卻使得被害者陷入「雖不能原諒犯人，卻得要說自己原諒了」的矛盾之中，即處於認知失調的狀態。

認知是指對於周圍環境、自己或自己行為的知識和意見等，與自己內心的認知不一致的狀態。處於認知失調狀態的時候，會自動將失調轉化成協調．努力確保一致性[21]。達成和解後，被害者無法改變已經發生的情況（達成和解協議），因此努力想要改變自己的想法與感情。在此過程中受害者會認為，自己內心依舊感受到的憤怒與怨恨等負面情緒，是不正當的，所以經常會感到內疚。不僅如此，即使不願原諒，但已達成協議，就認為自己沒有資格擁有憎恨犯人的權利，也沒有資格要求擁有身為被害者的權利。

值得關注的是，有時被害者在和解協議書上沒有提及賠償金，亦即在沒有金錢賠償的情況下，依舊同意和解書上記載不希望對犯人進行刑事處罰等文字，原因大多是擔心如果不和解，犯人會懷恨在心進行報復。遺憾的是，許多時候如果雙方沒有達成和解，犯人確實會明示或暗示「我會報復」，而且犯人出獄後實際進行報復的事例也在所多有！

這純粹是因為法院把「有沒有和解」當成量刑輕重的依據，才會產生的問題。根據經驗，會犯下報復犯罪的犯人想法大致是這樣的。

我的確是犯了罪，是因為偏偏那時候我沒辦法控制衝動，偏偏那時候被害者在那裡，我也是很冤枉。儘管如此，為了能夠立刻免除刑罰或減少刑期，本來想寬宏大量給被害者一個協商的機會，但是被害者竟敢拒絕我的提議，我被重判都是因為被害者不和我達成和解，我真的很委屈，既然法律無法洗刷我的委屈，那我不得不親自出手了。

被害者會簽下沒有賠償金的和解協議書，還有一個理由，就是對犯人或犯人家屬的憐憫。有個案例中，一位高中女生遭到輪暴之後自殺，被害者家屬因為「犯人們和我女兒一樣年紀」這個原因，為了他們的未來著想，在沒有賠償金的協議書中簽了名。有位被害者遭到認識的人毆打受傷，他太了解犯人生活有多麼辛苦，為了他的生活著想，在沒有賠償金的協議書上簽了名。對於被害者這種決定我絕對尊重，因為我知道這樣的決定是符合被害者想要將事件放在「過去」，希望盡快回到現在。

但是在完成和解的瞬間，因為怨恨的對象被抹去了，這樣可能會加深被害者的自責感與空虛感。因此身為諮商者，我就要有心理準備，必須開始處理這個問題。十幾年前遇到一位性暴力受害兒童，因為覺得犯人（是親戚）很可憐，已經反覆道歉並請求原諒，因此說了「我原諒你」，日後每當想到這件事就感到萬分後悔。因為後來才發現，**即使自己嘴巴說了原諒，心中的憤怒、恐懼、害怕也不會消失**。

原諒並不是對方要求就可以辦得到的，即使下定決心原諒對方，內心的傷痛也不會自動痊癒。不僅如此，社會似乎過於頻繁要求被害者過早進行原諒。反觀就連在法院裡，法院也常給予被告充分時間，去與被害者進行和解協議，法院彷彿是以費盡心思的方式強力勸說被害者原諒。

就算是這樣，社會大眾依舊以不友善的眼光看待達成和解協議的被害者，甚至有人公然批判或表現出厭惡的反應，指責被害者以悲劇事件為契機，想要趁機撈一筆。我可以明確地說，在我支援犯罪被害者至少近二十年來的過程中，我所目睹的刑法犯罪賠償金額，比社會大眾所以為的還要少太多了。更何況，在大部分的案件中，積極要求達成協議的是犯人，很多被害者都是迫於犯人的脅迫，不得不答應和解。雖然偶爾也有被害者先要求協議，但是在這資本主義的社會主義下，究竟誰有權利對他們指指點點呢？

要不要讓事件曝光：無法說出口的那些事

現在大家都已經知道，刑事案件，尤其是性暴力案件，往往無法在第一時間曝光，原因在於「擔心揭露後導致的二次傷害」。有很多因素會影響揭露或不揭露，但在這些因素中，最一致的個人因素就是年齡。年齡，又密切牽涉到對於事件的理解，以及陳述事件所需要的語言能力。一般而言，年齡越大，較能意識到「揭露會產生的結果」，因此有意揭露的比例就會越高[22]。

加害者與被害者的關係也會對不揭露產生影響。許多研究中顯示，當加害者是家庭成員時，要揭露事件就會更困難[23]。這種現象可以用兒童性侵害順應症候群（child sexual abuse accommodation syndrome, CSAAS）來說明[24]。根據該模式，遭受性侵的兒童不只是對

「加害者是親人」感到恐懼，同時也對事件曝光之後的結果感到恐懼，導致不敢揭發此事，因此陷入無力感，反而接受並且順應性虐待。另外因為過了很久後才揭露，恐怕會失去了陳述的說服力。當然也常見到擔心揭露後的巨大壓力，因此不願陳述。

還有一個原因會影響被害人「要不要揭露」的決定，那就是被害者認為家長、親人可能會有的反應。很多被害者都擔心，自己勇敢揭露惡行之後將引發家庭不和，使得揭露的決心更困難。甚至有研究結果顯示，被害者光想到父母可能會驚慌失措，就打消了揭發的念頭。先行研究指出，如果被害者覺得勇敢揭露之後，外在環境無法給他足夠的安全感，沒有人會傾聽他所說的話，或是就算說了也無法有任何改變的話，那麼揭露的時間就會被推遲[25]。

心理與情緒上的內部因素與外在因素相互作用之下，妨礙了性侵事件的揭露。而因為被性侵引發的羞恥心、自我責備、對自己與他人的恐懼與擔憂，都會影響揭露事實的因素。研究結果顯示，妨礙兒童性侵害事件曝光的最重要因素有：責任心、自我批判、羞恥心、擔心對自己或他人產生負面結果、擔憂不被相信[26]。

在家庭暴力、校園暴力、約會暴力等案件中，「推遲揭露」的現象也不少見。大部分的被害者擔心即使揭露了也無法得到幫助，反而會受到責難，或是擔心起訴後的刑事司法程序所帶來的壓力，因此沒有在第一時間揭露。

不僅如此，即使不是性侵暴力案件，也絕不代表被害者總是能得到應有的尊重，也不代表被害者的說法不會遭到質疑。有位被害者遭到某個突然出現的陌生醉漢強行拖走，被害者反抗之下被醉漢重擊一巴掌倒地，造成牙齒受損。但在裁判過程中，被害者卻被形容成「為了向犯人勒索金錢，被打巴掌後，假裝作秀摔倒在地，結果腳不小心沒踩好，導致牙齒受損」這樣的壞人。犯人坦承自己的確打了被害者巴掌，但主張被害者跌倒的直接原因並非是打巴掌。最終，法院認為此案不構成傷害罪——儘管在遠處的監視錄影有拍到犯人手伸向被害者以及被害者倒下的畫面。

在其他案件中，加害者還曾提出各種反駁，包含互毆、公然侮辱、名譽毀損等情況，反過來控訴受害者。不管這些反駁是不是事實，重點在於，他們知道這是給被害者最有效的威脅，讓被害者在身為被害者的同時，還要在為期不短的刑事訴訟程序期間，身兼嫌疑犯。在這段漫長的期間裡，被害者不僅是被害者，同時也會被視為嫌疑犯，使得被害者的委屈與憤怒永無止境。

基於以上原因，被害者不但會猶豫要不要告訴，更可能會因此決定取消告訴。從實務經驗來看，被害者不願意起訴，或是過了一段時間才起訴的原因非常多，他們並不是說謊，而是擔心與恐懼進入刑事司法程序後必須經歷各種附帶的壓力。

以牙還牙，以眼還眼

二〇〇五年上映後極為轟動的《親切的金子》電影中，主角金子小姐受到冤屈背負罪名，度過了十三年的牢獄生活結束。出獄後她進行一連串縝密的準備，暗中展開報復。其實在該部電影上映前後，以私下復仇為主題的電影、電視劇或小說都不斷出現，到今日依舊如此。

今日的社會制度不容許私下報仇，那為什麼私下報仇為主題的作品，會有如此魅力呢？也許這類作品反映了國民情緒：對加害者量刑永遠太輕，對司法「有錢判生，無錢判死」的不信任，刑罰無法公平與正義地執行。

「以牙還牙，以眼還眼」這種因果報應價值，是人類集體無意識中非常強烈的核心信念。如果人類無法遵守「遭受多少，就還以多少」的正義信念，就無法在長年的衝突紛爭中形成共同體、維持共同體並持續生活下去。因此不僅是漢摩拉比法典，包含聖經及各種歷史經典中都提及因果報應的規律。當然，這條規律並不是「如果遭受傷害，就可以傷害對方」，而是強調「受到多少，就還以多少」，目的是為了防止過度報復。每當因為壓力事件而造成心裡出現「不公平」或「委屈」的想法，肯定都會讓人自動想起以眼還眼這句話，產生想要報仇的衝動。

多年前某位使用兇器殺人兇手的父母，遭到被害者家屬的威脅，於是到我擔任所長的暴力犯罪心理支援專門機關裡接受緊急庇護。從委託人（警方）那裡聽到的事件緣由是這樣的：「殺人犯的父母為求降低孩子的量刑，將死亡責任推給被害者。風聲傳出後，死者父親大為憤怒，找到兇手父母居住的地方，踢開緊鎖的大門，高喊著要殺死他們，讓他們感到生命受到威脅。」

因為這起事件，被害者家屬被判罰金，而殺人犯的父母居住地附近則由警方加強巡查保護，以免私下報復。

在被害者心理諮商的實務工作上，我目睹了不少類似的情況。某位父親在得知孩子遭到集體暴力後，立即前往其中一位加害者家中理論，在抗議的過程中因為毀損對方物品而被起訴，被判罰金。某位母親因孩子遭到性侵，與第三者對話的過程中，提及了加害者的名字而被起訴，被判罰金。

有個加害者侵入他人住居殺人，死者的同居人與加害者打鬥過程中，也殺了加害人。在兩年漫長時間的調查結束後，最終認定這是正當防衛而不起訴，但在那段時間裡，他被剝奪了哀悼心愛之人死亡的權利，被烙上殺人犯的烙印，被所屬社群排擠。除此之外，事件透過媒體被扭曲報導流傳，還遭受大眾無數的指責與惡意留言的折磨。

不知道是不是因為這樣的現實，許多被害者將對於司法判決的不滿，投射到「報仇幻想」中。殺人、毀損屍體、遺棄屍體等，越是可怕的犯罪，引發復仇的衝動就越是強烈。有位母親在殺人事件中失去了子女，**在她與我心理諮商時第一次露出淡淡的微笑，說自己開了一筆利息相當高的長期定存——那筆定存滿期之日，就是殺人犯出獄的那年，她要用那筆錢雇用殺手，在犯人出獄的當天就在監獄外殺死犯人。**

聽到這番話，我除了簡單地說「原來如此」，以及點點頭表示共感與憐惜之外，什麼都沒做。因為我很清楚這種「想像」是安撫被害者家屬唯一的手段，而且被害者或被害者家屬很少會將私下報復的心願付諸實行。

大部分的犯罪被害者強烈的憤怒與復仇心會隨著時間逐漸降低，這可能是出自被害者的善良意志，使被害者理解到「私下報仇不過也只是另一種犯罪而已」。

當然有也被害者在事件後很久也沒辦法從犯罪的心理創傷之中恢復，甚至隨著時間，生活變得更加頹廢。但是恢復緩慢並不是因為他們沒有善良意志，而是因為存在著妨礙治癒的因素，或是還沒有足夠的時間而已。

我們可以進一步這樣想……

暴力犯罪案件發生後，除了實際協助被害者的社工、一一九急救人員、被害者義務辯護人等特殊集團的成員之外，其他大部分人的關注焦點只在於犯罪的殘忍細節、發生的原因，或者思考自己若不想成為被害者的話，可以做些什麼來防範。在這過程中，犯罪被害者的存在往往被疏忽或遺忘。

但是對於被害者來說，從數週至數年，甚至是數十年間，都會以經驗再現（flashback）[27]、惡夢、侵入性思維等型態，將那次事件不斷帶回此時此刻。心理創傷後的過程因被害者不同而大有所異，即使經驗豐富的諮商師都無法輕易猜測斷言。這就是為什麼犯罪被害者諮商的專家們都建議**不要輕易對被害者說「我理解你」**的原因。

儘管如此，人們透過媒體或是傳言而收集來的片段、有時是扭曲的訊息當成基礎，太過簡單且快速地對被害者產生誤解與偏見，有時候甚至在沒有正當理由之下，給他們銬上各種枷鎖；但自己卻做夢都不敢想像，或許在不久或是遙遠的未來，在某個運氣差到谷底的一天，自己也有可能成為暴力犯罪的被害者，成為被這些枷鎖束縛的當事者。

儘管國家付出各種努力防止犯罪，但只要加害者下定決心犯罪的瞬間，任何人都可能輕易成為暴力犯罪的被害者。這也是為什麼即使從現在開始，我們也要付出更多的關心與努力，讓身為我們珍貴鄰居的被害者們即使遭受犯罪被害的不幸，也能夠繼續生活下去。身心健康的人懂得接受每個人的差異，認同他人的本性[28]，放下對暴力犯罪被害者的偏見，認同他們和我們的行動方式不一樣。這不是為了被害者，而是為了增進我們生活的整體社會的健康。

Chapter 3

小小的關懷與尊重

接受陳述調查時，光只是重新回想事件發生的過程就讓我受不了，
途中跑去廁所乾嘔。儘管如此，為了能夠堅持撐下去，
我費盡心力控制情緒，強迫自己試著冷靜述說，
可是卻被調查的人說我看起來很奇怪，指責我不像個被害者。

——性暴力被害者親口陳述

二〇一八年十二月發生了極為殘忍的趙斗淳性侵案件，當時我在性暴力被害兒童支援機構已經埋頭奮鬥超過四年。事件發生後，我們為了制定被害者支援計畫而齊聚一堂，在面對被害者身上留下的犯罪可怕結果，除了震驚地不發一語，我們只要想起被害者曾經歷過的折磨痛苦，有人不禁紅了眼眶，有人呆望向天空，有人雙眼泛紅地咒罵犯人後憤而離席。但是法院卻以犯罪行為當時處於酩酊大醉狀態為由，輕判犯人十二年。社會大眾的憤怒達到了高峰，在這個契機下修法，日後酒醉不再適用於性暴力案件減刑的理由。但在性暴力以外的犯罪中，酒醉依然是重要減刑的理由，因此在韓國的公共政策參與平台「國民申聞鼓」上面，經常可以看到廢止酒醉為減刑理由的請願。

現代國家壟斷了刑罰權，統一處分犯罪者的同時，也承擔保護國民免於受犯罪侵害的責任和義務。在此原則下，為了體現正義，國家有義務讓被害者在刑事司法程序中獲得尊重，並給予應有的待遇。[1]但是犯罪者享有無罪推定的待遇，還有充分的防禦權與程序參與權，反觀被害者長久以來在刑事司法體系裡都未被視為當事者，而是提供「為了要處罰犯罪者所需要的訊息」的證人，在最糟的情況下還可能被視為是潛在的誣告者。[2]如果被害者有喝酒，甚至還得接受「被害者促發論」的檢驗。反觀犯罪當下處於醉酒而神志不清的犯罪者，還可以獲得較輕的量刑。

韓國在二〇〇五年制訂了《犯罪被害者保護法》[3]，至少法律上保障了犯罪被害者參與調查與裁判程序。但即到今天，諮商實務上看到被害者的處境似乎也沒有太大的變化，被害者在刑事訴訟過程中，仍然不是主體的當事者，只不過是周邊參考人的地位。

令人驚訝的是，我們平時明知人類會有不合理思考的傾向，我們平時可以欣然原諒他人犯錯，充分展現雅量，卻會期待犯罪被害者必須在每一瞬間都能夠做出合理、理性的判斷與適當的應對；如果被害者的應對不符合我們的預期，我們就會懷疑他說法的真實性。遺憾的是，刑事司法程序內決策者的思考方式似乎就是這樣，導致被害者在刑事司法程序內處於劣勢，增加發生二次傷害的可能性。為了擴大各位對於這種情況的理解，以下就帶各位更詳細地了解被害者在刑法司法程序上的經驗。

如何展現關懷，幫助被害者度過艱困的調查過程

報警時

打電話給一一〇，我用非常急促的聲音說：「現在有人快死了，拜託快點來幫

忙。」接電話的對方以沉著穩定的語氣說：「請先冷靜下來，會馬上派附近派出所支援，現在馬上出發，請別著急，先冷靜下來。」多虧他我才鎮定許多。

——暴力事件目擊者兼被害者家屬的真實陳述

許多事件都是由被害者或目擊者打給一一〇報警電話，調查機關才會知道的。因此警察的態度對被害者的心理安全非常重要，有一種預防針的作用，讓被害者在艱辛的刑事司法程序能夠繼續支撐下去。透過一一〇報案電話首次與警察接觸的受害者們都指出，當警方表現出冷靜與支持的態度，會有很大的幫助[4]。

警方的這種態度，不僅讓被害者感覺到有熟練的專家會幫助自己，也增強了自己受到國家保護的感覺。反之，如果警察態度不當，例如出言教訓被害者，表現懷疑被害者的真實性，或一副不想理睬的樣子，都會帶給被害者不小的挫折感，並加深被害者因犯罪而產生的委屈與憤怒。

犯罪現場勤務與調查

警方出動過程中持續發送簡訊給我，「現在在哪裡」、「要去哪裡」，即使警察到了以後，我還是處於驚魂甫定的狀態。警察拿了熱飲給我……我因為過於驚嚇，很想一個人靜一靜的，不想聽到旁邊的人一直說些有的沒有的，所以他們讓我待在有玻璃牆的房間可以整理思緒。

——暴力傷害被害者親口敘述

報警後警察馬上就來了，問我有沒有需要什麼，說幫我找了一個安全的地方，馬上會幫我轉移到安全的地方去。因為我把證據都帶出來了，警察就自動接過證據都放在夾鏈袋裡，對我非常好，還默默泡茶給我，再問我一次有沒有把證據都帶齊，給我他的名片可以聯繫，讓我很有安全感，因為有他們。

——性暴力傷害事件被害者親口陳述

打一一〇通報後，警察會出動到被害者所在地。研究指出，警方在出勤過程中，有些行動將有助於被害者建立心理安定，例如經常傳簡訊安撫被害者、允許被害者暢所欲言、到達後立即將被害者轉移到安全場所、給與被害者獨處時間整理思緒、請被害者熟人來陪伴、自動提供水或飲料等需要的東西、事先說明現場調查結束後接下來的程序、必要時給予可以隨時聯繫的電話號碼等[5]。這樣的行動不僅讓被害者覺得警察對自己的案件有積極的態度，也讓被害者意識到警察是專家，可以相信警察。

但不是所有的被害者都能遇到這樣以憐惜態度給予適當支援的警察。在某個性侵案件中，到達現場的警察表現出「又沒有什麼，為什麼要叫警察」的態度，還說自己最近因為殺人事件忙得不可開交。有位母親目睹兒子被殺害，急忙跑到街上向經過的警車求助，警方以緩慢速度行駛到現場後，雙臂交叉站在一邊，只會感嘆發生這樣兇殘的事件，此外沒有採取任何措施，甚至家屬做了心肺復甦術而心無餘力，於是急切大喊幫忙叫一一九救護車的時候，警察也果斷拒絕了。

當然這種問題可能只發生在極少數的事例中，因此有人會用「運氣極度不好」來安慰因警察不當值勤而受到二次傷害的被害者。但是在犯罪被害後，就連國家有沒有提供幫助也要靠「運氣」嗎？運氣不好成為犯罪的目標，就連在刑事司法程序上也得要靠運氣期待僥倖，這就公平嗎？

告訴

為了開始調查，需要有犯罪線索，而線索則是來自警察的報告、犯人自首、報警、陳情或告發等。如果是被害者撥打一一〇報警的情況，警察出動到現場，從被害者那裡得到簡易的陳述，之後安排負責員警開始著手進行調查。許多被害者因此以為不用另外遞交告訴狀，但如果不提交告訴狀的話，就不是「告訴」事件，而會被以「向警方備案」事件處理。

無論是報警的備案事件，還是告訴事件，反正都是警方調查並處罰犯人的過程，從普通人的角度來看，可能看起來沒有太大的差異，可是在被害者權利方面，兩者存在著相當大的差異。

告訴是告訴權利者對調查機關申訴犯罪事實，要求處罰犯人；報警則是單純地告知「有這樣的事件發生」，不論是誰都可以報警。因此如果案件不起訴的情況，在告訴案件中，可以提出重新判斷是否起訴的再議[6]與交付審判聲請[7]。但是在備案事件中，被害者沒有這樣的權利[8]。另外，根據韓國刑事訴訟法規定，告訴乃論案件要在三個月內出，但是在備案案件中沒有這樣的限制。不僅如此，告訴乃論事件會將案件結果以書面通知告訴人，備案案件如果沒有另外申請，則國家無義務另行通知。

因此警察有必要積極向被害者說明報警及告訴的差異。遺憾的是，在韓國常見到由於沒有得到適當的說明，所以沒有提交告訴狀，因此受到不利影響。

另一方面，下定決心提起告訴，遞交受理告訴狀的過程，對被害者也是相當不容易的經驗。許多被害者都曾反應，受理告訴狀的負責窗口在提供訊息、說明程序以及過程支援上相當吝嗇。有的警察在受理告訴狀後，讓處於恐慌狀態的未成年被害者獨自回家；有的警察看到被害者沒有明白表示到訪警察局的目的，講話沒頭沒腦的樣子，於是斥罵被害者。有被害者在聽到警察說「有證據嗎？」的質疑，感到驚慌失措，只好默默回家。還有被害者聽到警察說「你知道誣告罪有多可怕嗎？」等語之後，覺得很害怕；也有警察告訴被害者「就算你提告了，處罰程度也低到誇張，有必要這樣嗎？」，使得被害者委屈至極。

是啊，沒有證據的話很難處罰犯人，誣告罪當然也應該嚴懲才是。即使經過艱難的法律鬥爭，運氣好犯人被判有罪，但大部分情況下處罰力度達不到被害者期望也是事實。從這一點來看，警察對被害者說的那些話，或許並不是單純為了嚇唬被害者，而是警方預先想到告訴過程中會遇到的困難，這些話可能是符合現實且真心的建議。

被害者左思右想，終於鼓起勇氣決定提起告訴，相信只要提起告訴的話警察會代替國家全權處理。來到了警察局，當然會期待警察告訴自己「你身為被害者，警方會保護你，讓被害結果減到最小，警方會竭盡全力」，而且相信警察會透過科學調查直接掌握證據（不是問被害者有沒有證據），會傾聽主張被害者的陳述（不是先懷疑誣告的可能性），會擔心被害者安危（而不是擔心到時候判刑很輕）。

現實是殘酷的。警察的焦點是在「減少警察白費工的可能性」上，警察對被害者直白的建議，就像是在傷口上灑鹽一樣。對犯罪被害者來說，因為認為警察是國家權力的代理者，因此警察如實傳達的即時訊息，卻對被害者傳遞了「即使受到犯罪被害，也不會獲得國家保護」的印象。

數年前有位老母親，發現到海外做生意的兒子突然失去聯絡，於是向調查機關報案。但她覺得調查進度緩慢，自己在當地雇用了私人偵探，好不容易找到了兒子部分的屍身後回國。因這起悲劇而展開心理諮商的老母親傷心地告訴諮商師，警方根本沒有告知任何關於該事件的處理進度或相關訊息，而且非常不親切又冷淡。諮商師也只能傾聽她的苦，適度給予共感，說明心理支援程序，幫她訓練深呼吸等心理安穩技術，期望她能恢復最低程度的控制感。在她離開前，仔細告知下一次的諮商日期並寫在便條紙上給她（許多被害者在事件發生後，經常會因為健忘症而忘記諮商日期）。

最令人驚訝的是，第二天老母親跑到警局，憤怒不平地對調查負責人說諮商師很冷淡，很不親切，完全沒有同理心，自己沒有從諮商機構得到任何支援，甚至連約定下次諮商的時間都沒有。其實，在被害者諮商的實務上，這種情況還頗常見的（雖然有程度上的差異）。怎麼會這樣呢？

遭遇犯罪後，對被害者而言，這世界是個危險的空間，充滿了飽含惡意的人。因此被害者彷彿刺蝟一樣，為了保護自己，處於非常緊張、敏感、刻薄的狀態。平時一笑置之的輕鬆玩笑話，某人不具意義的咳嗽聲，輕輕地擦肩而過，甚至是諮商者為了搜集諮商必要訊息而提出的問題，在被害者眼中都可能被解讀成攻擊、指責或嘲笑。幸好隨著時間流逝，大部分被害者因衝擊而受損的大腦功能會慢慢恢復，逐漸找回事件前一樣和藹善良的面貌。死者的老母親後來也漸漸恢復了過去慈祥體貼的模樣，還會溫暖又有智慧地鼓勵諮商人員。

如果我們不理解被害者這樣的特性，很可能會對被害者做出錯誤的判斷，最糟的情況是誤以為被害者本來就是具有惡意、剝削、欠缺罪惡感、會說謊的人。這種失誤不僅是警方，就連被不少的被害者協助團體也會犯，因此經常會（無意間）採用冷漠、拒絕（有時甚至是攻擊）的方式對待被害者，造成嚴重的二次傷害。而被害者在事件發生後最先遇到的人就是警方及協助團體，這樣的二次傷害衝擊會非常強烈，且持續很久。

善意只有在接受的人感到是「善意」時，才會是善意。更何況警察是（也必須是）犯罪調查領域的專家，因此他們該傳達的，不僅是自己想傳遞的資訊，而應該將被害者需要的、且對被害者有利益的訊息傳遞出去。傳遞時不該原原本本、赤裸裸地直白說出，而是應該要包含細心關懷與憐憫，適時有效地傳達。只有這樣才有資格稱為是犯罪專家。不是嗎？

死亡通知

工作正忙得不可開交的時候，一個陌生的號碼打了好幾通電話過來，實在打了太多次，所以接起來了。「請問是金〇〇的爸爸嗎？」電話那頭問，當我答道「我是」後，得知我家孩子在醫院急診室。以為是詐騙電話生氣地掛了電話，直到孩子的媽媽也打電話來了。啊，心想，糟糕，出事了，而且還是出大事了。內心慌亂得沒辦法開車，直接搭計程車到醫院時，被告知孩子已經當場死亡了。

——殺人事件被害者家屬的真實陳述

發生殺人事件時，只要家屬不是共同被害者或目擊者，都是由警察向死者家屬告知被害者死亡的消息，這一過程稱之死亡通知（death notification）。家人一定會因殺人事件死亡的消息造成心理創傷，這點大家都能理解，也因此進行死亡通知的時候應該要高度注意，具關懷且有詳細計畫與施行。先進國家早已意識到死亡通知的重要，都針對調查官進行了密集的死亡通知訓練，還發展出一套指南。

在死因調查領域的專家社群Corner Talk中，建議除非不得已的情況，應派至少兩名曾接受過相關訓練的調查官，在事件發生後儘快與家屬直接見面，並且做死亡通知。這裡所說的相關訓練，是指能夠預料家屬聽到巨大衝擊的消息後會產生何種反應，並能對此反應現場作出應對。最重要的是，即使家屬住在很遠的地方，也不要用電話通知，而是要直接拜訪進行通知。若因為現實環境因素而不得不以電話通知時，應事先告知對方接下來會聽到壞消息，並盡可能讓家屬身邊有人可以提供幫助。

在死亡通知中最重要的是憐憫同情的態度。為了強調這點，專家們表示「切記，身為死亡通知者的你，告知死亡消息時，最重要的就是『憐憫』」；另外，死亡通知必須簡單坦率。告知者也必須事先確定聽到通知的死者家屬與死者的關係，大致掌握家屬的健康狀況，家屬是否有要照顧的老人、年幼子女等，以便處理可能發生的問題。對家屬的提問要誠實回答，要特別注意避免傳達不必要、會引發誤會、或是加深衝擊的訊息。

在告知死亡消息後，還要容許家屬表現情緒反應，但不要讓對方抱著死者仍舊活著的虛假希望，也要避免說出「這是上天的旨意」、「能理解您的痛苦」、「他去了更好的世界」等話語。因為虛假的希望只會妨礙家屬接受死亡的訊息，況且第三者真的無法理解或是體會死者家屬的苦痛。

完成死亡通知後，身為告知者的警察立刻轉身離去的話，這樣是非常危險的。此時家屬正因為衝擊而陷入混亂思緒，身為告知者應該要幫忙聯絡他們的朋友，或是充分回答家屬的問題，並幫忙聯絡必要資源。為了確認死者身份而需要家屬確認遺體時，要盡可能將遺體狀態整理好，讓家屬看遺體毀損狀態最少的部分，而且要讓家屬事前決定是否要探視遺體。

有關遺物，有鑑於家屬可能需要好幾天才會接受死亡的事實，因此在進行死亡通知時，切忌攜帶死者遺物前去。但家屬可以隨時要求歸還死者遺物，因此有必要告知家屬領取遺物的程序。歸還遺物時，要特別注意不可用類似垃圾袋等袋子盛裝。「用垃圾袋裝遺物」聽起很不可思議，但確實發生過死者家屬收到了用黑色塑膠袋裡裝著遺物的例子。

有位家屬因為殺人事件失去了奶奶，在事件發生一個月後從警察那收到裝有死者遺物的黑色塑膠袋。為了確認裡面裝的物品，解開塑膠袋上綁結的瞬間，生平第一次聞到的惡臭味直衝鼻腔——裡面裝著的是死者案發當時所穿，沾滿血跡的衣服。那天以後，那位家屬完全失去了嗅覺——即便在醫學上確認他沒有任何生理問題。

韓國最近發生一個事件，引起全國公憤。警方接到「代碼零」——即緊急出動命令——到達現場後竟然以手揹後方的姿勢慢慢走路。那起事件的家屬憤怒不平表示，在死者去世一天後，才從警方以電話方式聽到死亡的消息。[9] 韓國今日仍然會以電話為方式，輕忽（有時甚至無禮）地告知死亡消息。當然不是所有事件都是如此，有時也會有兩名警員親自來到家中，以憐憫同情的態度轉達死亡消息，並用警車載家屬去看遺體。

獲悉所愛的人死亡，可能是人生中最痛苦的經驗。考量到這會是一輩子都無法忘懷的衝擊瞬間，因此通知者要特別注意，千萬避免以不恰當的方式告知死亡。從調查人員的立場來看，殺人事件可能不過是某人死亡，要去調查的一個「事件」，但對家屬而言，死者是用生命都無法交換的、最珍貴的人，也可能是人生的全部。

在我諮商室的壁櫃裡，保管著幾位家屬不知道該如何處理的遺物，有死者的鞋子、衣服、照片等各式各樣的物品。有的家屬想要抹去死者留下的所有痕跡，也有家屬希望一切物品都不要消失。還有一種家屬不想抹去痕跡，但每次看到又覺得撕心裂肺、痛苦萬分，而他們就是將遺物交由我保管的客人們。在苦惱不知道該如何處理遺物時，我爽快貢獻出我諮商室的一格壁櫃，可以等他們日後下定決心後再處理。家屬連要處理死者的痕跡都難以忍受，為了要讓他們覺得「即使失去心愛的人，還是很值得活在這個世界上」，因此關懷者身為家屬在事件發生後最先遇到的人之一，有著絕對性的重要程度。

調查過程

雖然重案組的辦公室非常小，但是至少門還是鎖著的，如果想從外面進來，至少要打開兩、三道上鎖的門。進去以後漸漸冷靜下來，覺得那傢伙應該追不到這裡來……

——性侵被害者親口陳述

被害者的地位

在刑事案件中，被害者與犯人的地位其實不太一樣。被害者往往站在證人的地位，因此在證據明確的案件調查過程中，很多時候沒有給被害者足夠發言的機會。說來令人難以置信，有時候被害者提出告訴後，連一次調查也沒有就直接起訴的情況也很常見。例如暴力事件的被害者在等待調查機關調查的過程中，接到案件起訴的開庭通知，在旁聽時才知道起訴書只根據犯人的主張所寫，令他感到相當錯愕。

因為殺人事件失去弟弟的某位家屬，在調查過程中，沒有接到警察或檢察官任何的聯絡，只好相信他們會自行好好處理。直到後來看到起訴狀後才發現不對勁，而且是錯得離譜。已經去世的弟弟變成性侵未遂的犯人，而犯人（被告）則是在阻止性侵害的過程中，無意間導致弟弟過失致死。幸好在二審判決過程中，發見了那位所謂的「差點被弟弟性侵」的女性的主張，其實是謊言，才得以洗刷死者「性侵未遂犯」的印記。但是最終犯人不是以殺人罪，而是以過失致死罪遭到處罰。

諷刺的是，證據不足的時候，被害者被傳喚到調查機關接受調查的次數，有時不亞於嫌疑人（有時候比嫌疑人更經常）。在這過程中，被害者要有心理準備得面對檢察官尖銳的提問（例如想釐清是否有誣告）。這時的被害者成了潛在誣告嫌疑人，但因為不是真正的「嫌疑人」，所以（與嫌疑人不同），連公設辯護人的幫助都沒有。

被害者調查方式　事件發生後，對被害者而言最重要的就是要有「免於犯人侵害，受到安全保護」的感覺。為此，調查或詢問必須要在單獨的調查室（而不是人多的辦公室）進行，這點非常重要。但實務的情況卻是，除了性侵案件或被害者是兒童或殘障人士的情況之外，其它事件的被害者接受調查的環境，都與嫌疑人毫無區別。

不管怎樣，這裡畢竟有很多警察、嫌疑犯或被害者走來走去的地方，所以隨時都會有別人聽到我的陳述，再加上刑警們從外面進來時，還會大聲問「喔？是什麼案件？」負責的警察還在我面前直接回答是約會暴力案件，接著開始解釋案情……然後有的警察會說「喔」就走，可是有位刑警卻對我說「小姐，所以下次約會要小心點」，當時真的很討厭在那地方。

——暴力事件被害者親口陳述

被害者和嫌疑人常在警察局裡面同一個地方接受調查，有時候還會與嫌疑人同時接受調查。調查過程中，其他路過的警察會突如其來插進來說三道四或指責被害者。甚至有些殺人事件的死者家屬只能看著眼前警察互相展示重要證據，聽他們對話。

我在警察辦公室裡接受調查，重案組刑警拿著一個紙袋，裡面有滅火器、刀子、瓢子走了進來，還以為是買了需要的東西……但他說這些是這事件的證據，接著一個、一個拿出來交給正在和我對話的警察，看到眼前的這一切我簡直快吐了。

——殺人事件被害者家屬的真實陳述

資料可接近性　被害者的地位是證人，所以與嫌疑人可以閱覽大部分調查資料（甚至包含被害者的陳述資料）不同，被害者受到相當大的限制，有時甚至無法知道嫌疑人強詞奪理的情況。當然根據被害者的聲請，刑事司法機關會提供案件處理結果、開庭時間、審判結果、拘禁狀況（調查與審判中拘留及釋放）、出獄等刑罰執行情況相關訊息。但是這只是處理的「結果」，只是接到通報，被害者也沒什麼能做的。

被害者不只想知道調查的「結果」，也想知道刑事司法程序是否公正地進行。如果覺得程序公正性獲得確保，被害者（即使與期待的不同）接受最終結果的可能性很高，而且心理創傷也會恢復比較快。這就是被害者參與刑事司法程序重要的原因。

要求證據　只有司法警察和檢察官才能擁有調查權，因此無論民間人士收集的訊息有多麼準確，多麼重要，都無法逕行採信為證據。儘管如此，警方還是經常要求被害者（尤其是性侵被害者）提供「證據」。甚至如果被害者的主張和嫌疑人的主張相反，就會要求被害者說明理由，萬一被害者不能給出合理的理由，還會施壓說將處以誣告。這時大部分的被害者會對調查機關的角色產生深深的懷疑，導致被害者對刑事司法程序的不信任，嚴重妨礙他們的心理恢復。

> 只有去過警察局才會知道，自己也要知道些什麼，才能提出質疑，如果什麼都不知道，也只能按照指示去做，以為那才是對的，但是後來才知道並不是這樣……若以為身為被害者就算什麼都不做，國家就會全部幫你做好，那可就大錯特錯。
>
> ——性暴力事件被害者親口陳述

根據刑事政策研究所發行的全國犯罪被害者調查，百分之九十三點二的暴力犯罪被害者表示，警方有提供處理程序的相關資訊；有百分之五十四點八的人表示，能完全理解警方提供的資訊，百分之四十五點二的人表示大部分能理解。此外，只有百分之二點八的被害者對警方措施表示不滿。

有趣的是，另一份來自協助犯罪被害者的實務工作報告裡，卻顯示了完全不同的情形。為什麼現場經驗與官方調查結果不一致呢？首先，官方的全國犯罪被害者調查的對象是「全體國民」，包含了沒有起訴的事件，不僅如此，若訪談時受訪者拒絕，就無法列入這份調查的結果，因此官方調查的受訪者可能比較多是輕罪的受害者，他們在案件處理過程中受到的心理衝擊較小，或是滿意度相對較高，導致這份調查結果被扭曲。而遭到犯罪事件衝擊較大，或是遭到刑事司法程序上二次傷害而承受巨大傷害的人，願意接受調查的可能性相當低。

當然，儘管這份官方調查結果與作為對照的協助被害者實務經驗報告結果有差異，但現實中國民對警方初期應對的滿意度正在逐漸提升。可是仍有不少被害者在調查過程中經歷了不必要的額外苦痛，這也是事實。因此在調查過程中，為了更周延保護被害者，有必要建立更有效率、更緊密的制度。

調查期間　讓被害者感到痛苦的還有一點，就是漫長的調查期間。提告後要在六個月內決定是否起訴，進入一審判決，但起訴往往由於各種原因而推遲，甚至還有在更換調查負責人的過程中，因沒有仔細好好交接，而造成調查中斷，結果從提出告訴到決定是否起訴，經常需要一到二年左右。甚至最近我認識一個真實案例，某位女高中生在提出親屬性侵告訴四年之後，才作為一審審判的證人出席，而且出庭當天她將自己先前在警訊中所有的被害陳述全部推翻。

被害者調查頻率　調查機關似乎執著於盡可能減少調查頻率，當然，這可能是為了減少反覆調查造成被害者二次傷害而做出的努力，而且反覆調查的確會加深被害者的心理痛苦。諷刺的是，大部分的被害者真正希望的是，獲得「不會受到二次傷害」的保證，獲得充分機會在調查過程中向調查人員說明自己的遭遇，使調查能夠公正地進行。事實上，如果覺得自己被調查機關賦予充分機會說明被害經過，比起無法充分說明的被害者，無論裁判結果如何，都會有較快恢復的傾向[10]。

在保護被害者的脈絡下，重要的不是調查頻度，而是內容。根據我在這段期間以來的經驗，即使只有調查一次，如果進行的形式沒有考慮到被害者的特性，也會導致嚴重的二次傷害。相反地，即使是多次調查，如果有充分保護被害者，帶著同理與關懷進行，反而對被害者有益。

調查人員的態度與專業性　並非所有調查人員都是二次傷害的加害者，也不是同一個調查人員會對他遇到的所有被害者都造成二次加害。尤其是被害者因為心理創傷，會變得非常敏感、不安，感受時會比實際上更尖銳，因此很有可能會對調查過程擁有扭曲的體會。不過熟悉拘押與審問犯人的調查人士也確實必須正視：要理解被害者心理經驗，其實沒有想像中的容易。

遺憾的是，問題不僅僅出在警方及檢方。幾年前為了建立犯罪被害者保護體系方案而召開的研討會上，有某位專家曾形容，自己訪問監獄對性侵犯實施行為矯治的時候，所見到的情形。

真的很糟糕啊，去監獄一看，有太多人大喊自己從未性侵過任何人，卻被判有罪。當然，你也可能會質問我怎麼可以相信犯人的話，可是他們已經被判決有罪並在服刑了，又何必對我撒謊呢？他們有可能是冤枉的嗎？難道不該在調查或審判的過程中，為了無辜的被告多費一點心思嗎？

聽到這些話，我猛然大吃一驚——不只是我，研討上大部分的人也都感到驚訝，頓時陷入一片寂靜。當然沒有人敢斷言「所有坐牢的人當中，沒有人是冤枉的」，但令我們感到驚訝的是，說出這番話的人，不過才幾年前是一個非常積極維護性侵被害者權益的專家，為什麼才幾年過去，他的態度會有如此大的改變呢？

這可以用「錯誤共感」來解釋：他對囚犯的個人情況過度共感，因而失去了客觀性和中立性，不知不覺中就被囚犯馴服了。共感不只是應用在心理諮商上，更在所有類型的人際關係中都是不可或缺的重要因素。但是失去客觀性和中立性的共感，不過只是偏袒罷了，這樣的共感絕對無法幫助前來諮商的個案產生真正的變化、成長，也不可能合理地解決問題。

反之，如果過度強調客觀性與中立性，那麼就連表面膚淺的共感都很難實現。調查人員雖然必須要與加害者及被害者見面進行溝通，但因為工作性質的關係，比起共感，他們更加強調中立性與客觀性。因此無論是面對犯罪嫌疑人還是被害者，調查人員一律露骨地表現出懷疑態度，並施以高強度的壓力方式面對陳述者。但是，在調查過程中，關懷被害者絕對不是不可能的事。

一般人常誤以為中立性與客觀性是對立的，共感與憐憫是對立的。其實不是。就連訓練有素的心理專家，也很不容易「既要保持中立與客觀，同時也要維持共感的態度」，但絕對不能放棄嘗試，因為這就是心理諮商者的核心倫理。調查人員也是一樣，他們也應該更加關注人權，在調查程序中視被害者為「當事者」，細心關照他們。這才是重要的倫理方針，不是嗎？

遲來的公義

裁判程序上被害者的地位

剛開始只要每次開庭，我都會到法院報到，但真的很不容易，所以忘了一段時間。有一天想起上網確認，發現一週後即將宣告判決，因此請假去了法院才知道審判被延期了。後來打聽之後才知道，加害者說需要達成和解協議，所以突然延期了。但是加害者在那之前或之後，一次都沒有聯絡我說要談和解的事。

——暴力事件被害者親口陳述

在法庭上被害者除了以證人被傳喚時，其餘時間都是以「旁聽人」的身份存在，所以也只能獲得最低限度的資訊。如果事前有提出請求，也只會獲得第一次開庭日期的通知，之後的日期都要被害者直接在大法院網站上搜索[11]，更何況庭期可能突然變更，在網站上根本不會公告，跑到法院才發現撲了空。在這種情況下無法知道變更日期理由的被害者，只能擔心在自己不知道的情況下，犯人是否提出了虛假的證據，或是在打什麼鬼主意。如果運氣好和公訴檢察官辦公室取得聯繫，或許可以知道變更的理由，但是被害者能做的最多只是提交請願書。

監督審判

到法庭觀看審判過程，對被害者而言需要不少勇氣，因為在法庭上身為旁聽者的被害者不會獲得任何照顧。被害者在等待開庭的期間，常常要與被告及被告的親友、律師等人在同一個空間裡等待，開庭時也是這樣。這種情況對被害者造成相當大的威脅，實際上也常發生被告本人或被告家人、熟人靠近被害者，用充滿怨懟的眼神怒瞪著，要不然就是出言怒罵，讓被害者心生畏懼等情況。

不僅如此，等開庭時常因前一庭的時間拖延，在場等待一、兩個小時以上，為了旁聽一次審判，至少得花上半天的時間。也有因為前一庭審判時間延長，使得真正開庭後只是簡短決定下次日期就結束。管轄法院往往會選定加害者住處附近的法院，因此被害者為了旁聽，往往必須使用個人年假，交通費和往返必要的開支也由被害者自行負擔。如果這種情況只有一、兩次的話，那或許還會覺得「這種程度的辛苦應該還好」，但除非是那種犯人坦承所有指控並已遭羈押在案且物證明確的案件，否則光是一審判決就至少需要一年左右。這才是現實狀況。

因此，本來一開始被害者想要仔細監督審判，很多時候也會漸漸放棄。而那些排除萬難、堅持要監督審判過程的被害者，往往得面臨許多壓力。光是與犯人呼吸同樣空間裡的空氣，就足以讓被害人陷入恐懼，還要聽公訴檢察官朗讀公訴事實，看著螢幕上展示的犯罪相關照片，聽著犯人任意扭曲、瞎掰案發經過，或瞧見犯人說謊的嘴臉等，都會帶來難以承受的痛苦。

身為被害者的自己，覺得無計可施，反觀犯人在法庭上卻可以提出自己的主張，這點讓被害者深陷絕望，引發出相對剝奪感。聽著犯人荒誕無稽的辯詞，假如法官還一面聽一面點頭（即使這不表示認同或接受），也會讓被害者無比沮喪，認為法官遭到被告的謊言所騙。

在一件二十多歲女性遭陌生人殺害的事件裡，犯人在審判中把死亡責任轉嫁給死者，並且露出淺淺的微笑。看到這一幕的死者家屬，憤怒達到了最高點，在忍無可忍之下憤慨地在旁聽席大吼「王八蛋！」並將拿在手上的手機砸向犯人。雖然沒有打中，但家屬立刻被強制驅離，幸好法庭並沒有追究家屬妨害法庭秩序，但類似這種經驗只會讓死者家屬感到，法庭只偏向犯人，裁判沒有公正進行。

因此，對於那些發生二次傷害可能性較高的案件，在審判過程中我會囑咐抗壓性較弱的被害者或家屬，盡量避免直接參與監督判決。被害者支援團體會代替被害者對審判過程進行監督，並且適時聯繫被害者，讓被害者有機會尋求法律專家的建議。儘管如此，如果被害者希望直接監督，或是以證人身份出席，實務工作者就會陪同前往法院，或是透過「證詞準備專案」等事前教育[12]，先幫被害者打心理預防針，預先熟悉法院審理的情況。不僅如此，在參與審判後，為了不讓被害者留下心理創傷，被害者最好盡快與支援團體成員見面，讓被害者有機會接受心理方面的協助，例如解讀心理以求即時減壓（debriefing）等。

開庭結束後，步出法庭時，被害者也會經歷相當大的恐懼。很多被害者不知道被告那邊的人是否會跟蹤自己、傷害自己，所以彷彿被追殺似的，想要盡快離開法院。遺憾的是，這種恐懼不是憑空想像，現實中被告那一方會尾隨被害者，指指點點或辱罵被害者，或者一群人圍住被害者施予心理壓力。也曾有被告家屬誤認代替被害者出席、監督審判的社工或心理工作者就是被害者，向其吐口水、扔石頭。

不只是調查過程，在裁判過程中被害者在閱覽訴訟相關資料也受到相當大的限制。這點又與被告不同。當然，在刑事訴訟法等法律都有被害者有權閱覽或謄寫訴訟相關文件或證據的規定，只是知道這種權利的被害者並不多。另外就算鼓起勇氣申請調閱文書，也不是全部都能得到批准。

當然檢察官代替被害者行使權利提起公訴，可以擁有連審判庭都無法看到的調查資料，但是在現實中，公訴檢察官常常只會將資料作為基礎，一心想將被告定罪，卻疏忽了充分關注保障被害者權益。在審理過程中，檢察官不是被告，而是代表檢察機關進行追訴的人，被告卻有律師維護他的利益，因此整體情況經常讓被害者感到失望。

法庭證詞

對方律師問了我問題，卻不聽我的回答，應該是聰明的人所以才會當律師啊，但奇怪的是，他愚蠢的問題讓我感到很混亂。

——性侵被害者的法庭經驗報告

如同律師攻擊我一樣，法官對加害者也提出了攻擊性的提問，雖然對判決結果不滿意，但是因為這樣，我認為得到了公正的審判，讓我得到了安慰。

——強盜犯罪被害者的法庭經驗報告

證人出庭前 只有在擔任證人時，被害者才有機會正式出席法庭。雖然最近韓國有越來越多被害者向法院聲請行使「被害者陳述權」[13]，但大部分被害者都是依檢察官或被告方的要求而變成證人的。此時的被害者不是作為「當事者」，而是作為「為查明事實真相，在法庭上能夠提供需要資訊」的第三者。

值得注意的是，如果被害者沒有正當理由而不出席法院作證的話，法院可以對被害者罰鍰並強制拘提。即使繳交罰鍰後，若沒有正當理由又不出席的話，還可處以七天以下的拘役[14]，並可命令被害者支付因此產生的訴訟費用。

很多被害者收到證人傳喚之後，再次確認自己的地位不是當事人，而是第三人，因而感到絕望。對他們來說，法庭作證不是行使權利的一環，而是痛苦的任務，還要獨自承受當面對質被害者的那份恐懼。

不僅如此，在收到傳喚證人出席命令書的瞬間，日常生活又再度開始發生變化，擔憂接踵而來，包含法庭上見到加害者的壓力、害怕自己因為心理壓力太大而無法好好陳述、害怕被報復等等。再加上，努力遺忘的事件又開始反覆浮現，原本多少恢復的心理問題，又會再度發作。雖然不情願，還是得深入腦海挖掘那些不願想起的記憶；雖然在痛苦中，為了要讓犯人受到與其罪行相符的懲罰，或者為了避免自己被指稱是誣告，被害者還是必須努力仔細回想案件細節。

出庭當天

想也知道，出庭作證當天被害者最害怕的就是與被告見面。雖然韓國有「證人支援官」的制度可以幫助被害者理解程序、安定心情[15]，或多或少可以減少一些困難，但是很多案件也沒有向被害者提供相關的訊息。只有性侵或虐待兒童案件等案件的被害人，因為他們屬於「特別證人」，被傳喚同時會有支援官在旁協助。

即使有了證人支援制度，也不能完全避免與被告碰面。當然，如果被害者事前申請，會在被害者與被告之間設置一道遮擋板，或者讓被告移到別的房間發言。但除非是性暴力案件，否則法庭很少會接受這樣的請求，事前申請可能被拒絕。更何況即使實際空間被隔離開了，被告還是可以透過耳機直接聽到被害者的陳述，讓被害者陷入恐懼，擔心被告在聽了自己供詞後懷恨在心會採取報復。

有位被害者長久以來遭受家暴而痛苦萬分，反覆苦思後對配偶提出刑事訴訟。她在法庭上表示只要和被告待在同一個空間，都會讓自己感到恐懼與畏縮，擔心自己會不知不覺就決定撤回告訴。或許有人會認為這樣是過分擔心了，但家庭暴力、虐待兒童或校園暴力等案件，被害者在本應該是最安全的家庭及校園空間中，持續遭到高度暴力行為，對於飽受痛苦折磨的被害者而言，這種擔心是非常實際且現實的。以下陳述來自支援被害者的實務工作者經驗報告，可以充分看出犯罪被害者對於「被報復」懷有多巨大的恐懼。

被害者在法庭開始審問證人之前，就因為害怕犯人會報復，決定絕對不會說犯人壞話。也許正因如此，在證人審問過程中，被害者逐漸改變自己說話的語氣，轉向有利於被告方向進行陳述。等到審問證人結束之後，被害人說「輕鬆多了」，感覺因為自己沒有說犯人的壞話，現在應該不會有危險了。

不僅如此，許多被害者表示，證人審問就像是一場記憶力大賽，暫時閉上眼睛回想人生中最痛苦的事件。法庭往往要求具體生動的描述，這樣真的能夠實際查明真相嗎？被害者真的能夠清楚、有邏輯、前後語句一貫地進行陳述嗎？

對於忙碌生活的大部分成年人來說，要馬上回想起昨天吃的午餐內容，也絕非易事。儘管如此，在法庭上要求被害者回想短則幾個月前、長則幾年前發生的事情細節，如果說出的內容與先前在調查機關所說的有不一樣，還得忍受尖銳的質疑或猛烈的批評。

證人提出證詞的目的，在於為了獲取被害者記憶中正確的訊息，但是很多被害者在記憶力考驗大賽一般的審問過程中，有時沒有正確理解提問而回答錯誤，有時雖然記不得了但迫於必須回答的壓力，所以回答的不正確，之後又會感到後悔。為了防治這種副作用，先進國家都會讓證人在審問前閱覽被害者先前在調查機關所做的陳述紀錄，但在韓國卻沒有這種機會。凡此種種，不禁讓人覺得證人審問的目的不是蒐集查明真相所需要的訊息，而是追究被害者陳述的真實性。

在許多陌生人面前回答自己私人問題的羞恥感和自責感，對被害者而言絕非易事。在法庭這種公開場所，不僅只有被告，還有被告方的親友、與事件無關的不特定多數人，在這種空間裡接受這種提問，本身就具有侮辱性；要回答那些問題，這更具侮辱性。或許我們會說，那審判不要公開就好了，但是除了性侵案件以外，很少會允許非公開審判的情況。

或許我們又會說，對於侮辱性的問題，被害者拒絕回答就好了。可是從被害者的立場來看，只要有人問出問題，就會覺得這個問題可能會牽涉到被告會不會被判有罪還是無罪，所以無可避免地會有「一定要回答」的負擔感。不僅如此，就算被害者拒絕回答，法官強迫要求必須要回答的情況也很多。

在某個性侵事件中，被告的律師固執地要求被害者模仿當時被性侵時自己發出的呻吟聲。儘管被害者用懇切的眼光看著檢察官和法官，希望他們能制止這種要求，但沒有任何人出面阻止，被害人猶豫了很久，最後不得不按照辯方律師的要求模仿當時的呻吟聲。在那之後，被害者有很長一段時間反覆咀嚼這個場面，因強烈羞恥心不寒而慄。

在證人審問過程中發生的二次加害，大部分都與被告及被告的辯護律師有關。被害者常指出，被告的律師反覆提問瑣碎且私人的事項，還故意用文字遊戲企圖製造失誤，意圖用複雜的問題妨礙正確的陳述；提問後，當被害人回答問題時故意裝傻，意圖引起被害者不愉快。要不然就是為了詆毀被害者，故意提出愚蠢的問題，故意提問一些可能會記不得的小事情，企圖讓被害者證言的真實性遭受懷疑。被告律師也常會把自己的想法強力灌輸給被害者，透過思考辨析的問題來拖延審問時間。在性侵案件裡的二次傷害最為嚴重，不過即使是非性侵案件也不代表這種二次加害很少。

結束證人審問後　有些被害者在法庭上作證後，會覺得痛苦又艱困的課題終於結束，略感安心與解放，但是大多數的被害者並非如此。大多數的他們在結束證言後，會反覆咀嚼思考自己剛剛說出的證言，且常感到不安又後悔不已。另外，如果是開庭結束後才意識到自己回答的時候誤會了題目的意思，就會很擔憂犯人會不會因此被判無罪。也有部分被害者雖然渴望犯人受到嚴厲的懲罰，卻又擔心會不會因為自己的陳述，使犯人遭判重刑，又擔心懷恨在心的犯人在出獄後會不會前來報復。就這樣陷入矛盾的心情中而無法入睡。

作完證步出法院之後，（被害人）看起來彷彿若無其事一般，但後來說他身體不適，要去醫院做檢查，無法過來進行諮商，直到一個月後才來到諮商室。但交談中他對於開庭那天在證人審問中對方律師的提問，他不斷反覆思考，並對自己的回答感到自責，不管（諮商師）用什麼方法企圖穩定他的心情都沒有用。最後該案的被告獲判緩刑，而被害者自此就失去了聯繫。

——被害者協助團體成員的工作報告

許多研究都顯示，到法庭作證會妨礙被害者恢復，或使後遺症惡化。有一個針對兒童性暴力被害者的十二年追蹤研究發現，如果兒童時期到法庭作證，會使成年後的精神健康狀態惡化[16]。韓國也曾以「出席法庭作證的被害者，以及陪同前去法庭的心理、社工等實務工作者」為對象進行調查，發現所有被害者都強烈表示，因作證而遭受心理上的苦痛，有一半以上的人更表示衝擊持續三個月以上[17]。

研究指出，如果「解說為什麼要被害人以證人身份出庭」的詳細程度越低，如果法庭中「被害人聽不懂檢察官、律師或法官提問」的程度越高，如果被害人覺得「被告那邊的律師表現無禮且提問內容造成侮辱、導致羞恥、傷害隱私」的程度越高，就會讓因作證而造成的心理痛苦程度越嚴重。這樣的痛苦現象不只出現在性侵被害者，在其他類型案件被害者身上也出現。如果犯人是陌生人的情況，受到的衝擊會更嚴重。

法庭作證帶給被害者的實際利益　正如前面所述，法庭作證如果沒有適當、敏感的計畫與執行，會讓被害者引發「再度創傷化」（re-traumatization）。雖然每位被害者與每個案件都有其特殊性，可是多數證據顯示，只要有細膩的計畫和執行，則這樣的法庭證言經驗就有利於促進被害者後遺症的恢復[18]。

我常應司法機關的請求，與被害者進行面談，他們中大多數人明知面談的目的在於評估他們陳述的可信度，卻會在結束面談時表達感謝，因為獲得了暢所欲言的機會。而我在面談時做的，只不過是鼓勵他們把記得的全部說清楚，並給予他們充分的時間。像這樣讓被害者有充分的機會敘述「到底發生了什麼事」，是促進被害者克服後遺症重要的因素。更何況，在有意義的正式場所（例如：法庭）談論案件，有時會對被害者發揮「重新建構人生」的積極價值[19]。

特別是公權力象徵的警察、檢察官、法官等人傾聽被害者的陳述之後，如果有表達同理或憐憫，那麼無論被告是否獲判有罪，都有助於促進被害者恢復。透過這樣的過程，讓被害者將自身的經歷融入生活，讓事件不是停留在「現在」，而是完全停留在「過去」，使被害者再度成為昔日的模樣，亦即每個人的好鄰舍。

加害者閉著眼聽著我說話……那樣子看起來太過平靜，令我非常憤怒，心情也很複雜。但是隨著時間流逝，反而開始覺得作證是對的，覺得很幸運能在正式場合裡說出我父親並不是罪有應得，而是犯人真的惡劣至極。

——殺人事件被害者家屬的真實陳述

特別是如果被害者認為自己出庭作證是行使權利，就會強化被害者的賦能感，「失去控制」的焦慮也會明顯減少。這表示，如果被害者有充分的資源可以管理情緒壓力，或是能夠尋求減少出庭作證的壓力的方法，則法庭作證不僅有助於查明案件真相，也對被害者恢復過程非常有益。根據被害者告訴我的故事可知，若法官或檢察官讓被害者感到「他們是帶著關懷態度傾聽我的陳述」，並給予充分時間梳理自己的記憶，來陳述案發經過，似乎可讓被害者在未來的長期留下「精神上安全地帶」的印象。這樣的經驗對被害者而言，不只會增加「審判是公平的」的感受，也會減少審問證人的副作用，發揮心理緩衝劑的功能。

有一位被害者為了十多年前他高一時的性侵案件出庭作證。他在法院看到了未遭羈押的犯人背影之後，驚嚇到飛也似地逃到廁所，打電話給我。從被害者顫抖的聲音、語無倫次的言語，就足以知道他是多麼恐懼。我引導他深呼吸，試圖幫他找回內心的平靜，安慰地說「說話毫無頭緒、哭泣、顫抖、生氣，甚至失誤都沒關係，把想說的話都毫無保留都說出來吧」，然後電話就掛斷了。

之後過了約兩個小時，被害者再度打電話來，聲音變得開朗許多。他告訴我，在法庭作證時因為一時情緒激動，痛哭許久，相關人士遞上了水和面紙，等待被害者自己平靜下來。而且法庭上的人不僅沒有介入、指責或批評他毫無頭緒的話，反而冷靜聽他說完，而且在證人說完後，法官還再次向他確認：「把心裡難過的事全都說出來了嗎？」然後感謝他把痛苦的故事說出來，並告訴他說他的證詞對判斷會有很大的幫助，還用憐惜語氣對他說「法院會明智地做出最終判決，也希望你能夠擺脫這個悲劇，好好過現在的生活」。

令人驚訝的是，這樣的經驗會成為強大的能量，使被害者能活在此時此刻此地，無論最終被告判決有罪與否。上面提到的那位被害者，只到法院作證一次，過程中讓他好不容易艱困地揭開多年來只能獨自隱藏的秘密，而多年來他的說法常被人指為謊言，現在終於得到了補償的感覺，之後也可以安全地與過去道別，以自己的方式好好適應現實生活。之後斷斷續續偶爾有消息傳來，斷了音訊也好幾年了，但我堅信他一定好好地在某地，讓自己的時間過得有意義且有價值。

審判結束後才要開始的那些事

審判全都結束了，才想現在所有一切終於結束，全身癱軟筋疲力盡。好像我必須要解決的事情消失了，變得很空虛，所以連兒子骨灰所在的寺廟都沒去，待在家裡嚎啕大哭。雖然曾答應自己不會再哭了，但是現在連這約定都毫無意義，就算判刑再重，兒子也不會活著回來……審判期間忙著寫請願書、調查案件，但是現在審判結束後，每當早上只要睜開雙眼，就會很想念兒子，睜開雙眼讓我感到很痛苦。

——殺人事件被害者家屬的真實陳述

令人感到遺憾的是，即便刑事司法程序結束，也絕不代表被害者就能完全擺脫犯罪的影響。法院的最終宣判只是宣告刑事司法機關扮演的角色結束，對於以往全力專注於調查和審判過程的被害者來說，這不過是另一條新的荊棘之路的開始。

不少被害者在確認犯人被判刑之後，才勉強開始拖延已久、痛苦且漫長的自我療癒過程。這表示與審判結束前相比，被害者的心理可能會出現更大的混亂，因為這段日子以來強迫壓抑的創傷記憶，會毫無預警地像暴風一般襲湧而上，撼動著被害者。

殺人案件中，被害者家屬通常是等到審判結束後，才發現不管做什麼努力，都無法使死去的家人復活，因而陷入更加絕望之中。本段落一開始的家屬陳述，是一位父親的話。他們是經濟弱勢的家庭，兒子為了賺更多錢，在深夜時薪較高的時段前往熱炒路邊攤打工，卻遭到客人用刀子刺死。父親抱著「一定要讓犯人付出完全代價」的堅定意志，全心全意投入調查和審判的過程，但最後卻眼睜睜無力地看見犯人並未因為殺人而定罪，反而是較輕的過失致死。判決後，這位父親意識到不管用什麼方法，都無法讓死去的兒子再度回到世上，悲痛萬分地嗚咽，不久後被診斷出癌症末期，與病魔抗爭不到兩個月，就獨留年幼的孫女，早早前往兒子的身邊了。

前面說過，有時因為法律程序的關係，還有被害人甚至不知道審判已經終結了。有位被害者遭熟人毆打重傷，休息了四週才痊癒，在傳統市場上遇到了以為還在羈押的犯人，當場嚇得僵住了。在本案中，在被害者不知情的情況下，審判結束了，而犯人被判以緩刑而獲釋放。

有一件殺人未遂案，犯人的父母輪流找上被害者的父母，不斷哭訴哀求。被害者父母覺得那樣子看起來很可憐，於是在未經被害者同意下寫了和解協議書。幾個月後被害者開始覺得有人在跟蹤自己，驚恐之下經過一番深思熟慮之後，透過熟人的幫助終於抓到了那個跟蹤者——不是別人，正是犯人。原來犯人已經獲釋了，獲釋的原因就是被害者父母有簽下的和解，犯人才以緩刑處分被釋放。當然，被害者的父母在簽下和解之際，根本沒想到犯人會因此而獲釋。

法院判決後，被害者最害怕的就是「犯人出獄」。制度上已經考慮到這一點，因此設有通報制度，只要事前申請就可以提前得知犯人出獄日期。但獲悉犯人出獄的日期，並無法消除被害者的不安。有的被害者獲悉犯人出獄之後，為了生存會快速搬家，而案發之後已經搬家的被害者則是在網路上刪除可能暴露自己真實身份的資訊，有的被害者會改名、整容、更換身份證號碼，甚至計畫逃往海外。

到了這個階段，好不容易重回日常生活的被害者，又再次感到震撼，創傷後遺症又再度復發。關於犯人出獄後報復的報導很多，讓被害者陷入自己也會面臨相同遭遇的恐懼之中。想到犯人可能已經假釋出獄，甚至連覺都睡不好的被害者為數不少。實際現實中，也有被害者收到犯人寄來「只要一從監獄出來，就會去找你報仇」的恐嚇信件。甚至有犯人在假釋出獄後，反覆寄信給被害者，威脅預告自己將會報復犯罪，或是直接找上門進行報復。這些因素都會加劇被害者的不安，讓被害者帶著犯人冤魂不散緊緊跟蹤自己的心情，一天天艱困地生存下來。

我們可以進一步這樣想……

在支援被害者的專業團體裡面，流傳著一種說法：「只有三代積德，才能免於二次傷害，才能受到公正的調查與審判。」雖然刑事司法人士也在各自的位置上盡自己最大的力量，給予被害者層層保護，但至少在被害者的觀點上，被害者還不算平等的當事人。在現在的調查與審判系統內，別說是恢復了，甚至無法期盼壞人會得到「惡有惡報」。

對於身處危險的被害者，員警如果有一句「現在你安全了」的話語，或是有人暫時陪伴在身旁、默默無語遞上一杯水、給予穿衣服的時間、阻擋圍觀群眾好奇眼光等小小的關心與體貼，也可以讓被害者覺得「這世上仍然安全值得活下去」。不僅如此，審判時相關人士憐惜的語氣、中立卻又帶有共感的話語、給予充分機會與時間讓自己說話、打斷辯方律師引發二次傷害的不恰當提問等這種小小的關懷，都會讓被害者感到審判很公正，減少心中的委屈與憤怒。

值得慶幸的是，最近的潮流慢慢承認，現有司法體系過度保障犯罪者權益，為了因應這點，恢復性或轉化性司法的概念備受矚目[20]。無論是恢復性還是轉化性，均將犯罪視為對人關係的侵害，強調「恢復被害者的損失」和「恢復共同體」。為了保護被害者，我們身為共同體的一員，迫切需要關注這件事。

Chapter 4

原諒不是結束

加害者被判以罰金後，說自己用罰金償還了罪責，
聽到這氣焰囂張的消息後，太過憤怒無法入睡。
在發生犯罪後國家透過罰金獲得收入，犯人透過罰款獲得免罪符，
身為被害者的我獲得了絕望，彷彿被國家拋棄了一般。

——暴力事件被害者親口陳述

很多人認為判刑後案件就結束了，甚至就連犯人也以為只要受到刑罰，就可以從自己所犯下的罪責中完全擺脫。人們之所以這樣想，似乎是受了一事不再理原則，即對已經判決的事件不再起訴。但是一事不再理原則，目的只是為了保護某人不被法律體系惡意利用或不當折磨，是為了讓刑事司法機關可以慎重，可以更有效率執行相關資源，並不代表犯罪者可以透過一次的法律制裁，就讓自己犯下的罪行得到完全的寬恕。

犯罪的影響會擴散，會持續。犯罪的影響，會在被害者家屬、現場調查人員、警察、律師、一一九急救隊員等相關實務工作者、地區社會成員，乃至整個社會裡面，留下不少傷痕，甚至可能會使人荒廢生活。這樣的傷痕絕對不是犯人在坐牢服刑，用國民稅金解決他的基本食衣住的同時間，被害者就可以完全恢復。如果認為透過法律制裁就可以抵消犯人的罪行，不過只是真正愚蠢與傲慢的想法。

為了預防犯罪，不僅要理解犯罪者，這點固然重要，還要理解犯罪結果。我們必須理解犯罪留下的傷痕，讓被害獲得修復，這才是預防犯罪的基礎，也唯有這樣才能使為了防止犯罪發生的多方努力變得可能。所以，我們應當仔細觀察犯罪對被害者、其家人、鄰居、甚至是社會產生的影響。

成為被害者之後

身體會發生的變化

曾經受傷的地方會感到疼痛，這時就會重新意識到「我是犯罪被害者」的事實。每當洗澡時，看到曾經受傷的地方留下的醜陋傷疤，就會再度想起當時的事件，但也不能因此不洗澡……

——暴力事件被害者親口陳述

身體損傷　因為犯罪事件造成的身體傷害，大部分都可以透過醫療恢復，但疤痕越大、越明顯，就越可能長期困擾被害者。許多被害者都因為「身體受傷不美觀」等原因，不斷遭受到大大小小的傷害，就連看到疤痕的人們那明顯的好奇心，對被害者而言都會是加深心理創傷後遺症的重要因素。

其實，大部分的被害者都非常不願提到自己身上的疤痕是因為「犯罪被害」而造成的。更確切地說，被害者會擔心其他人發現自己的傷疤是因為犯罪被害而留下的。這與懲惡揚善的觀念有關：被害者傾向認為，自己之所以成為犯罪被害者，是對自己「惡行」的懲罰。這種想法毫無根據。被害者擔心，當人們知道自己是犯罪被害者後，會覺得自己「曾經有惡行」；也擔心人們在他們身上烙上印記，並加以指責、批評。

那些曾遭撕裂、遭折斷、被感染的身體部位，即使在醫學處置結束後，也會有很長的一段時間出現細微的損傷，導致現實生活中的困難。例如被害者在盜竊事件中頭骨被打傷，經過適當的醫療後被判定痊癒，但此後數個月間仍飽受頭痛與暈眩的痛苦。

如果治療後仍存有後遺症，更可能會為現實生活增添許多困難，經常會妨礙被害者恢復。一位經驗豐富的美髮設計師不幸成為殺人未遂被害者，因犯罪事件遭切斷的手指雖然成功縫合，但因為神經損傷再也無法進行細膩的剪髮動作，只能放棄原本的工作。另外，有位被害者遭到陌生男子揮舞的鐵管擊中眼睛，導致一側眼睛的視野變狹窄，即使經過了數年的今日，獨自步行在行人眾多的街道仍會感到困難。

有時就算醫學檢查沒有異常，但由於心理因素，身體的特定部位（主要是與事件相關的身體部位）感到疼痛或麻痺症狀，這也會持續很長的時間。在陌生人偽裝瓦斯檢查員闖入居處並性侵的案件中，未滿十歲的被害者，日後每當遇到與事件相關的情境（例如帶著黑帽子的男子、犯人身體散發獨特的肥皂味），雙腿就會出現麻痺，持續了很久。有位被害者深夜遭到男子猥褻，在事件發生後的數年間，只能獨自奮戰自己手部的不明原因疼痛。

腦部損傷　當我們的心裡受到創商，最能快速反應的身體部位就是我們的大腦，而大腦也會因為心理創傷，而承受最直接的損害。幸好這樣的損傷大部分在短則幾小時，長則幾星期內能夠恢復。但是根據心理創傷的類型，以及心理創傷後另外產生的壓力，以及被害者個人內在特性等許多因素互相影響下，有時大腦的受損部位會長至幾個月、幾年、甚至一輩子都無法完全恢復[1]。

那個人怒火抓狂的臉持續不斷出現在我的眼前，只要一想到就會像是回到當時，就像是我現在正在被毆打一樣，當時被揍的部位就會感到劇痛，實在太害怕想要逃跑。心臟撲通撲通急速跳動，胸悶冒冷汗，有時候那個人甚至會出現在我的夢裡，因為太害怕而從夢中嚇醒之後，就會很難入睡。似乎一輩子都無法擺脫這樣的痛苦。

——暴力事件被害者親口陳述

因為心理創傷造成的腦部損傷，典型的症狀有再度體驗、過度警覺、迴避、負面思考與情緒變化。這四種症狀也是典型創傷症候群 PTSD 的核心症狀[2]。研究指出，犯罪被害者誘發 PTSD 的可能性，遠超過受到天災和交通事故影響的人。如果犯罪案件是威脅到生命、性侵或造成嚴重身體損害的情況，就會比其他事件引起更嚴重的主觀痛苦，PTSD 發病的可能性也會隨之增加[3]。

即使 PTSD 症狀不複雜也不嚴重，但對大部分的被害者來說，犯罪都不是很久遠的「過去」，而是「現在」的再度體驗，犯人甚至會出現睡夢之中，反覆做出犯行。在這種情況下，陷入恐懼的被害者為了避免再度受傷，會切斷環境的一切刺激，過著隱居的生活。另外，為了能早期預知危險，被害者會全身神經緊繃，緊張地生活著，因此對於日常生活中的任務無法做好，或者出現健忘、精神恍惚等解離症狀。

最糟的情況是失去關於案件的部分或全部記憶，亦即解離性記憶喪失症。有位兒童不幸遭到陌生男子誘拐到公共廁所性侵傷害，然後被棄之不理，大腦本能性地減少了負責記憶海馬體的功能。結果被害兒童失去了對事件的記憶，雖然可以活著，代價卻是好幾個月之內都是呆呆坐著，或是連剛才才吃的食物種類都記不清。

腦部損傷的嚴重性，不亞於犯罪類型，值得關注的是受害頻率。根據美國神經科學家保羅・麥克林（Paul MacLean）的主張，我們的大腦可以區分為負責維持生命相關活動，包含腦幹和小腦的R複合區（爬蟲類大腦）、負責情緒反應與型的海馬體與杏仁核的邊緣系統（哺乳類大腦），以及負責高層次思考能力的大腦皮質（靈長類大腦）。大腦皮質的前額葉部分與邊緣系統合作，可以調節衝突，進行判斷，主導共感，讓我們不成為習慣的奴隸，可以創造性思考，防止衝動與敵對行為[4]。

大腦能夠正常發展，只有在安全、穩定且溫暖的照顧環境下才有可能。如果孩子從養育者那裡得到充分穩定的照顧，那麼原本只為了維持生命而將焦點放在本能行動的大腦，就會開始嘗試各種社會互動，鼓起勇氣去體驗各式各樣的情感。此時養育者若允許孩子去冒險，並在失敗、挫折時給予溫暖的支持，提供「適當且良好」的照顧（good enough mothering），大腦就會穩定發展，安全地體驗各式各樣的情緒，同時培養出情緒調節的能力。在這樣的基礎上，隨著大腦皮層的發展，孩子就會成長為具有創造力、理性、自我調節能力的個人。

但對受虐兒童來說，如果心理創傷是發生在原本應該是最安全的場所——如家庭、學校，此時被害者被迫專注在「求生存」的戰鬥，使得前額葉（尤其是前額葉功能活性化）被抑制或損害，於是在大腦中建構出「這世界令人厭惡，充滿惡意」的神經網絡，因而誘發大大小小的情緒與行動問題[5]。不僅如此，因虐待而大腦受損的兒童，在同儕關係、社交互動、甚至進一步的智力發展能力，都會受到嚴重的妨礙[6]。父母虐待兒童的行為導致青少年時期的不良行，已得到許多研究充分的證實[7]。

慢性壓力對身體造成的影響

根據漢斯・塞利（Hans Selye）博士提出的一般適應症

後群（general adaptation syndrome, GAS）模式，我們的身體在應對壓力反應可以分為警告、抵抗與枯竭階段。如果處於壓力下，杏仁核會發出戰鬥或逃跑的反應，身體會出現心跳加速，分泌代表性壓力賀爾蒙的腎上腺皮質醇，與提高能量的腎上腺素來發出警告。在這過程中，會分泌大量的腎上腺皮脂醇去調節壓力反應，也會減少大腦海馬體（負責記憶）的神經系統機能[8]。結果就是與事件相關的記憶被抑制了。雖然這樣有利於心理上的生存，但與此相關的強烈且恐怖的情緒依然存在[9]。

經過一段時期的努力，而壓力持續存在的話，現在身體就會進入抵抗階段。到了這一階段，因體內的腎上腺皮質醇濃度太高，開始出現肌肉無力、頭痛及高血壓等各種症狀。若此時仍舊無法擺脫壓力，就會放棄抵抗，進入枯竭階段。到了枯竭階段，身體就會自動放任壓力不管，不再自覺壓力為「不正常」，所以也不會出現警告症狀。而代價就是會引發包括免疫系統異常，以及器官功能不良等各種慢性疾病。

正如前面所述，對許多被害者而言犯罪事件並不是存在於過去，而是以現在進行式的方式，不斷重新體驗事件。每當經歷重新體驗的時候，被害者的身體會受到與事發當時相同強度的壓力。如果這裡再加上社區、刑事司法機關、媒體等造成的二次傷害，就會引發壓力狀態過大的情況，短則半年，長則數年，經常導致被害者身體出現與壓力有關的慢性疾病。

這一現象在許多研究結果的報告中都顯示，與非犯罪被害者相比，犯罪被害者罹患心臟疾病、高血壓、胃潰瘍等腸胃消化障礙、糖尿病、神經系統與筋骨系統疾病、哮喘和肺部疾病的比例更高[10]。有報導指出，大邱地鐵慘案中受傷的被害者，即使在事件發生過了十年，仍會無緣無故視力下降，並且患有糖尿病等各種疾病[11]，這也充分顯示了心理創傷事件會對身體健康產生多嚴重的影響。

當然這些疾病不全然是犯罪造成的直接結果，很多情況是被害者為了紓解壓力，訴諸不適當的行為（例如飲酒、吸菸、吸毒、暴食、藥物誤用或濫用等），才是生病的直接原因。但如果當初沒有遭遇犯罪被害，被害者很明顯沒有理由為了心理生存而訴諸不適當的行為，所以我們不能說「被害者的不適當行為，並非犯罪造成的現象」。

內心會發生哪些心理變化

感覺就像坐在奔馳於崎嶇山路的公車一樣，不知道終點在哪……因為沒有門，想要下車卻怎樣也下不來。在這樣的情況下，內心不安的機器發出喀噠喀噠吵雜的聲音，不停地運轉著。

——殺人事件被害者家屬的真實陳述

在成為犯罪被害者的瞬間，就會出現各式各樣心理的問題，從一項犯罪被害衝擊調查報告就可以看出這一點。調查發現，因為犯罪事件引發輕微後遺症的被害者，佔了百分之九點七；有非常嚴重後遺症、需長達六個月以上長期心理諮商的被害者，高達百分之三十四點七[12]。正如之前所述，這些後遺症狀，必須從「心理創傷型的腦部損傷」這個角度去理解。不過依照每位被害者面臨的內在與外在因素之不同，會對症狀的惡化或好轉，產生很大的差異。所以從這一點來看，其實也是心理上的問題。犯罪被害者身上經常會出現的心理困難如下。

解離 經歷心理創傷事件後，對危險和安全的意識就會發生變化，從此開始採用迴異於以往的腦部神經系統去體驗外在世界。心理創傷的被害者，往往為了保護自己免受事件衝擊，會出現「否認現實」的情況。否認現實的表現包含：感覺不到身體疼痛、因感受不到情緒（如恐懼、害怕、憤怒等）而呈現無情緒狀態、失憶反應（不記得事件的整體或部分）。也有被害者表示，彷彿自己從自己的身體中抽離開的感覺，即人格解體（depersonalization）。這些反應都屬於解離症狀。解離症狀持續時間短則幾分鐘，長則可能達到數年，此時表現出的行為特徵是發呆或胡言亂語等，看起來好像沒有在聽對方說話，或是故意不回答問題，然後又會因瑣碎微小的刺激，出現強烈的驚嚇或情緒反應。隨著時間過去，逐漸接受現實，解離症狀也會緩解，但如果後續的壓力持續不斷，解離現象就有可能成為長期化。

出現解離症狀代表因心理創傷引起的痛苦情緒極度嚴重，大腦本能地決定切斷情緒經驗、切斷記憶活性化。因此很多時候從外表上會被誤以為沒有情緒上的痛苦，但實際上壓力賀爾蒙的數值處於極度高漲的狀態，因此需要特別觀察與注意。

對出現解離症狀的被害者說「不要感到不安」、「請冷靜」等話，並沒有什麼幫助，若期待這些話語能夠減少被害者的不安，實在是太天真了。此時可以盡量少說話，並且預想「被害者因解離症狀可能會面對哪些危險」，並且提供現實層面的幫助。解離症狀嚴重的情況下，應該禁止被害者進行各種帶有危險性的活動，例如開車稍有不慎也可能會引發重大意外，最好避免。另外因為健忘症會變嚴重，所以有重要約定最好寫下來，貼在顯眼的地方。與其期待「記住」，不如在適當時機反覆喚起記憶會更好。

不安　儘管事件已經終結，但是被害者的大腦仍無法放鬆，持續維持警戒狀態好一段時間。負責緊張的交感神經過度激活，妨礙負責放鬆的副交感神經系統的活化，所以造成心跳、過度換氣、冒冷汗等身體反應持續發生，使得被害者坐立難安。就連敲門聲、電鈴聲、有人叫自己名字的聲音等輕微的刺激，也會被嚇到。為了掌握每一個危險徵兆，被害者隨時高度警戒監視周圍，凡是感到不安全的環境（例如，家以外的地方）都會感到威脅，因而漸漸不願意外出，過著孤立的生活。

電梯門打開了，發現裡面有其他人。雖然「只不過是人」而已，但因為太驚嚇，不知不覺地放聲尖叫。結果電梯裡的人還向我道歉說對不起，我覺得實在太丟臉了。

——暴力事件被害者親口陳述

尤其是在沒有辦法確保安全的情況，或報復犯罪可能性高的情況，被害者實際上不可能擺脫不安，不斷被「不知道犯人何時何地會出現」的想法折磨著。為了保護自己，大腦發出必須時時刻刻保持警戒狀態的命令。

有位被害者遭到未曾謀面的人綁架上車並殘忍毆打，犯人在犯案之後跳樓自殺，被害者卻不相信犯人已經死亡。辦案員警感到很不忍心，於是把犯人的死亡證明及身分證照片給被害者看，但上面照片的模樣卻與深深刻印在被害者腦海中的犯人模樣截然不同，被害者認為警察是為了要讓自己鎮定，所以編造謊言。之後有好幾個月，根本沒辦法讓被害者相信「犯人已經不在這世界上了，所以沒有再犯可能性」的事實。

憤怒　遇到意想不到的可怕犯罪事件後，被害者內心經常會輪番出現極度自我譴責和對世界的憤怒。尤其是受害初期，對這世界、對加害者極為憤怒，甚至可能會表現出攻擊性的行為，也會經常對身邊的人挑剔找碴，對瑣碎的事情也很容易顯得煩躁，或是突如其來亂發脾氣，表現出非常敏感的模樣。

最近總是很煩躁，男朋友問我最近怎麼了……我也不知道。明明只是靜靜地待著就會突然生氣，像是瘋了一樣。為什麼那種事情會發生在我身上呢？如果沒有遇到那個人的話，現在的我也會像其他人一樣，正常去上班、和朋友見面，過著平凡的生活……為什麼這種事會發生在我身上呢？

——性暴力事件被害者親口陳述

雖然這種症狀無疑是心理創傷下自然且當然的反應，但是大部分的情況，持續時間會比身邊親友預想的還要久，因此常會被認為反應「很奇怪」或是「過度」反應。身邊親友還可能因此失去耐心，逐漸與被害人保持距離，不再表現出共感與關懷，最糟的情況是，還會開始隱諱委婉指責被害者。這樣的經驗會強化被害者的被害意識和憤怒，而且越是這樣，被害者越是會反覆出現對周遭的人更加敵對且挑剔找碴，形成惡性循環。

被害者可能會表現出對加害者或不特定多數人的報復幻想（雖然很少見到被害者真的去找加害者報仇），可能會大吼大叫或扔東西，做出以暴力相向的行動。但是在正式資料上很少有被害者真的被判定為報復性暴力犯罪的案例，這可能是因為大部分的被害者與犯罪者不同，會盡最大努力強壓下這種衝動。但是遺憾的是，渴望報復的背後，有著對於再度受害的恐懼感，許多被害者因為這兩種矛盾且截然不同的情緒在內心互相較勁，而感到痛苦萬分。

憂鬱　許多犯罪被害者會不斷反覆咀嚼犯罪前後的情況，一面覺得自責、罪惡感、羞恥、後悔等。也有些被害者認為自己身上發生了可怕的事，而被不幸感、憂鬱、悲傷等情緒支配，原本平時喜歡做的事情也覺得索然無味，無論做什麼事情都不會覺得愉快或享受。

好像過一天算一天，什麼都想不起來，不管做什麼事都覺得無趣……昨天沒有，明天也沒有……以後也不會有……活著已經沒有任何意義了，滿腦子只有「能這樣死掉就好了」的想法。看到其他人就會想「那個人和我是不同的人吧，我現在已經不能像他們一樣成為平凡的人」。

——性暴力事件被害者親口陳述

這時很容易發生自殺意外，也會產生自殺的衝動，因此需要身邊親友細心的關注。也有不少人會出現自殘的行為，這是反映被害者面對高漲到「無法調節」狀態的情緒時，無論如何都要以「可行方式」去平復情緒努力的結果。亦即，他們的自殘行為並不是為了死，而是為了活下去，所做出最大的努力。因此身邊的人要注意，千萬不要做出指責、貼上標籤、厭惡等不適當反應[13]。

精神病症狀 受到犯罪被害後，表示自己出現幻覺、幻聽、妄想等思覺失調症候群症狀的被害者也不少，尤其是覺得在有人監視自己或是認為自己被跟蹤等被害意識更為常見，如果這種被害意識蔓延擴散，被害者就會很難維持工作與一般社會生活。反覆聽見犯人聲音（幻聽）、看到犯人身影（幻視）、重現犯人身上散發的氣味或觸感（幻嗅、幻觸）等現象也不少見。

一般在事件發生幾周後，這種症狀會明顯好轉，但是如果再度體驗的症狀持續下去，思覺失調症狀也會持續很長的時間。常見的是狀況暫時好轉後，壓力增加時又會反覆惡化。有個三歲幼童遭到男性強制猥褻，身體嚴重受傷，即使在事件發生數個月之後，還會指著遊戲治療中的角落說「穿著黑色衣服的叔叔（犯人）在那邊看著我」，並且瑟瑟發抖害怕不已。不僅如此，孩子只要想到案發場面，就會哭著說自己因被害受傷（但是已經痊癒）的身體部位很痛，並且反覆要求治療師給自己擦藥，這樣的情況持續了很長一段時間。

某位被害者遭到跟蹤狂綁架並性侵，犯人之後逃逸無蹤。在警方調查的過程中，被害者被誤認為是思覺失調的患者，懷疑他所控訴的犯罪被害情況是源自於幻想。被害者雖然意識清楚，且具備完好的生活能力，但每當見到與犯人相關的線索時，就會聽到犯人喊「一起去死吧」的幻聽。經過數個月的心理諮商後，他逐漸自覺意識到「那傢伙的聲音」並非源於外在，而是出自於自己內心聽到的聲音，所以逐漸可以控制這個聲音，但是又花了三年多的時間，「犯人總是還在自己身邊徘徊，伺機再度犯案」的想法才完全消失。

這些症狀是急性壓力反應的一部分，雖然恢復所需時間因人而異，但是只要沒有精神症狀障礙相關的身體因素，大部分都會隨著時間自然消失。不過被害者並不明白這一切，只認為自己是因為犯罪被害，而導致自己得了精神疾病，並且感到極度混亂。有一天一位殺人事件的死者家屬打電話來，聲音聽起來相當慌張。因為只有在面臨危機時才打電話給諮商師，這是諮商的基本原則，所以他打電話給我肯定是遇到相當大的困難，需要即刻幫助的徵兆，從電話那端傳來的聲音在不斷顫抖。

事情是這樣的，幾天前她約了許久不見的朋友見面，今天是約定的日子，所以提早到了約定場所等待朋友的到來。但是等超過了一個小時，朋友還是沒有出現。擔心萬分的她打電話給朋友，電話響了幾聲後，朋友接起了電話，開心地噓寒問暖。尷尬的她開口問朋友是不是忘了今天約好要見面的事。朋友慌張地說「我從來沒跟你約今天見面啊，和你講電話都已經是好幾個月前的事了……」

這是怎麼一回事呢？驚慌失措的她道歉後掛了電話，仔細查看了手機裡和朋友的通話記錄，記錄顯示她和朋友最後一次通話不是幾天前，而是在三個月前！確認通話紀錄後，她想：我終於瘋了啊！突然被恐懼感淹沒的她馬上打電話給我。聽了她的狀況後，我告訴她任何人在壓力很大的情況下都有可能會犯這種最基本失誤，並故意告訴她我小時候看過沒有五官的恐怖「雞蛋鬼」的故事，這時她才鬆了一口氣說「我沒瘋吧？」聲音顯得穩定許多。

信念會產生哪些變化

喪失安全感　在適當環境下成長的人，會自然而然與他人和世界發展出信賴感與安全感，認為世界是富有意義的地方，自然而然形成「只要自己沒有做錯什麼，就不會發生負面的事情」的想法與價值觀。之後經歷的所有新情境，都會融入這樣的基本信念中，我們會抱著「世界是安全」的信念生活[14]。

現在覺得不管是誰，都不是絕對安全的，總是感到不安與充滿擔憂。……擔心人在國外的兒子會不會遇到意外，總是憂心忡忡，只要女兒一出門，稍微聯絡不到的話，就會像瘋了般的生氣。

——殺人未遂事件被害者家屬的真實陳述

但如果發生了像暴力犯罪這類預料之外、可怕而兇殘的負面案件，情況就不同了，此時再也無法維持原本內心的安逸世界觀，對自己、他人與世界的體會和信念，會在一夜之間變成負面的[15]。現在的被害者認為這世界是一個極度危險的空間，不僅是自己，甚至也會過度擔憂家人、親密對象的安全，因此飽受「必須要反覆確認」類似強迫症的困擾。這樣的行為會讓年幼的家庭成員（即年幼子女）感到過度的干涉與壓力，也會加深家庭間的矛盾與爭執。

喪失信賴感　幾乎所有的孩子都透過《糖果屋》、《白雪公主》或是韓國版的灰姑娘故事《土豆女與紅豆女》等童話、歌謠或遊戲，習得懲惡揚善的價值標準。在這樣價值觀下長大的我們，形成了好事會發生在好人身上，壞事只會發生在壞人身上的信念，亦即形成了正義的世界觀（just-world belief）。也因如此，我們的心裡有了「只要我不做壞事，就不會發生可怕事情」的基礎信念，讓我們有安全感，能維持日常生活的運作[16]。

當然，偶爾發生或大或小的倒楣事，的確有可能會暫時動搖正義的世界觀，但如果沒有特別理由，我們會反省自己做錯了什麼，並從中學習該怎麼做才能預防日後類似事件不再發生，接著迅速從受損的安全感中恢復。如同雨後大地會變得更堅硬一般，隨著「透過經驗可預測的領域」持續擴張，我們帶著比以前更高的自信心與心理韌性，勇敢地探索這世界。

但如果發生了「用懲惡揚善標準來看，完全無法理解」的殘忍、可怕事件，尤其是遭遇犯罪事件，情況就會有所不同。會不會發生殘忍可怕的事情並非取決我的善惡，而是取決於另一個人的善惡，這樣的想法會摧毀原本我們心裡根深蒂固的正義世界觀，由憤怒、絕望取而代之，在內心佔有一席之地。犯罪事件一把將被害者的生活瞬間推入十八層地獄，被害者只能帶著因心理創傷而受損的大腦，依靠生存的本能與壓力，孤軍奮戰地生活下去。

不僅如此，被害者會不斷反思是不是因為自己的不好，所以活該遭遇這種事。被害者會表現出自我破壞的行動，或是將怒火之箭射向這世上，表現出過度敏感、高度敵對、攻擊性等反應[17]。一位被害者遭到性侵後，經過艱辛的時間好不容易恢復，有次在地鐵上被有心人士以相機非法偷拍後，認為是自己行為不檢點，才會反覆遭到這種傷害，並且飽受這種想法所折磨。因殺人事件失去配偶的中年婦女，彷彿是為了下定決心要證明「都是因為我有哪些不好，才會以這種方式失去配偶」，過度仔細檢視自己的過去，找出細微的錯誤並反覆自責。

家人部分

就連丈夫笑的樣子都覺得討厭，孩子那麼痛苦，那個人憑什麼過得這麼好。只要一分一秒看不到孩子，就會不安到活不下去，只要看到男人，心臟就會緊張地跳個不停，只要黑色車子經過身邊，就會起雞皮疙瘩。

——誘拐事件被害者母親的真實陳述

二次傷害指的是在犯罪發生後，因社區成員、媒體、刑事司法相關者等的言行，而導致的傷害；次級創傷壓力（secondary trauma stress, STS）指的是因為生活中具有重要意義的人發生心理創傷的事件，帶給第三者的後遺症——這是為了幫助被害者，或是想要幫助被害者的心意而帶給自己的症狀[18]，所以家庭成員很難不產生STS。最近研究中顯示，被害者的家庭成員因心理創傷後遺症而飽受痛苦的結果，不亞於被害者[19]，這也可視為是與STS同一個脈絡的現象。

尤其是未成年子女成為犯罪被害者時，父母得代理子女參與刑事司法程序，在過程中因暴露在與事件相關的訊息中，可能會遭受嚴重的 STS 而感到萬分痛苦。STS 後遺症和 PTSD 一樣，也會包含再度體驗、過度警覺、迴避、負面思考等。在父母的情況則是會認為自己沒有保護好子女，而不斷自責、自我責備、自我厭惡、憤怒等，症狀會更加複雜，因此心理上的介入也會變得更加複雜。

STS 會更加刺激父母內心「原先一直沒有解決、在無意識中一直推延」的問題，因此很多時候很難區分哪些是 STS，哪些是父母內心原有問題所引起的症狀。例如有位母親在處理子女遭受性暴力事件的過程中，想起了掩藏在記憶深處、自己兒童時期遭受性侵的經驗。這位母親痛苦地表示，無法區分是對子女的感情，是源自自己過往未解決課題，還是因子女遭受犯罪被害而引起的創傷。

更大的問題是，如果父母飽受 STS 痛苦的情況，那麼可能沒辦法細心照顧受害子女。父母的 STS 症狀會消磨個人內在的能量，對瑣碎小事都容易煩躁，產生敵對反應，經常會阻礙理性、合理的想法與判斷，導致與子女的關係中，無法發揮有效的父母角色功能。在家中有較多子女的情況時，父母會因為過度的自責感，於是過度保護那位被害的孩子，此時又會造成那些「沒有受害的孩子們」產生相對剝奪感而出現情緒問題。如果父母以保護子女為由，過度控制子女行動，會讓子女感覺受到限制，導致親子關係惡化，父母和子女心理健康也會惡化。

許多父母不願其他人知道子女犯罪被害的事實，因此常會要求子女保密。但是小孩子（尤其是幼年的孩子）只要腦海裡浮現事件的記憶，往往不看情況，直接以言語表達出來。這在兒童發展上是極為自然且理所當然的現象，但是對於想要隱藏犯罪被害事實的父母而言，會引發不小的驚慌，於是帶著驚訝的心情指責被害子女，或是暗示指責之意，讓孩子感到羞恥心與自責感。

在受到心理創傷後，許多被害者其實都希望能在安全的空間裡，與「可以讓自己感到安全的對象」談論關於自己的創傷經驗，這樣的經驗對於處理創傷經驗是相當有價值、十分重要的。可惜因為STS的關係，讓父母沒有餘裕可以允許孩子體驗這種恢復的經驗。更令人遺憾的是，許多父母一方面斷絕了「透過治癒性對話來恢復創傷」，同時卻壓抑不住

「想要更加理解事件經過」的欲望，會在不安全的空間，以不安全的方式，反覆詢問孩子想要挖掘更多細節。

不管有意或無意，這樣的行為對被害子女都會造成明顯的二次傷害，因此產生的後遺症，可能會比第一次被害時的後遺症更為嚴重且難以好轉。父母的不當反應，不但會剝奪孩子「透過講述心理創傷經驗」獲得的益處，在這過程中，也讓孩子面臨原本不須經歷的自責、羞恥感、不適感、恐懼等情況。

父母中只有一人有STS的情況下，因STS而感到痛苦的一方會指責另一方冷淡、不負責任、沒有同理心。而沒有STS的那一方則會抱怨配偶過度敏感、苛薄挑惕、感情用事，造成夫妻之間的矛盾惡化。孩子們在身邊看著父母爭執，必然也會感到情緒上的痛苦。這種情況維持越久，家庭保護的功能就會越衰退，形成互相折磨的局面，最糟的情況還會導致家庭破裂。

有個女孩特別聰明靈敏，是家中的驕傲，她不幸在回家的路上遭到陌生人殺害。案發當天父親上班特別忙，無法像平時那樣去接孩子，事後因後悔與自責而痛苦萬分。而母親因為「孩子被殺害的當下，我正在家裡看連續劇」而陷入極端的自我厭惡，經常渾身發抖。弟弟則是因為得代替姊姊原先的角色，必須得成為家中的驕傲，而飽受心理壓力折磨的痛苦。他們三人原先要以各自的方式去表現哀悼，都已經非常辛苦了，根本沒有多餘的心力可以互相照顧彼此的需求。即使有時想念著已逝的家人，但又擔心其他家庭成員會心痛，而不敢提及逝世的家人。

就這樣過了幾個月後，父親開始專注於栽培兒子，想讓他成為家中驕傲；母親全神投入宗教活動；兒子覺得父母的關心與期待是沉重的負擔，為了逃避現實而開始過度沉溺於電玩世界裡。儘管諮商人員付出了艱苦的努力，但為這家人進行的心理介入措施並沒有得到什麼效果，在事件發生不到三個月，就失去了聯絡。

如果父母是被害當事者，子女可能會因 STS 而感到痛苦。例如父母因心理創傷的後遺症而無法控制感情，會出現突發性的舉動；又例如父母因無法控制憤怒，會毆打子女或對子女施予身體、心靈上的虐待。和「受有心理創傷而感到痛苦」的父母在一起生活，對年紀越小的子女而言，會帶來越大的痛苦。孩子看到與平時截然不同形象的父母，以為是因為自己不乖，所以害父母遇到可怕的事情，於是對這種毫無根據的想法感到罪惡感；孩子也可能會因為父母去世或離開身邊去遠方，覺得自己被拋棄了，形成分離焦慮。

因此，如果被害者有年幼子女的情況，不只對被害者本人，就連其子女也需要仔細探索心理介入的必要性。如果沒有適時的介入，父母的心理創傷可能會導致對孩子的虐待與放任不管，導致孩子大腦損傷及心理問題，不只妨礙孩子的適應，還會損害孩子照顧自己下一代的能力。因此要記住，犯罪被害的後遺症會影響好幾個世代，一代傳一代影響甚鉅。

人際關係部分

直到現在還是如此思念死去的孩子，至今我仍無法相信孩子已經離開這世界了，恍恍惚惚彷彿夢境一般，無可奈何地跟著大家說說笑笑⋯⋯每當人們只看到外表，說我好多了的時候，我卻像獨自身處無人島一般，感到孤獨又悲傷。

——殺人事件被害者家屬的真實陳述

犯罪會剝奪被害者的安全感，並且在失去安全感的空缺處，留下了被害意識。所以許多被害在事件之後的好一段時間裡，會在人際關係中出現排他性及疑心重等特徵——這也是被害者經常會與身邊的人發生或大或小爭執的原因，導致被害者的社會支持網受損（而社會支持網原本應該是被害者最強而有力的恢復因素），讓被害者處於孤立無援的狀況。

初期一直帶著支持態度的家屬，隨著時間不斷流逝，會暗示性地催促被害者快點恢復，要不然就是責備被害者怎麼無法快速恢復。這些會讓被害者認為「就連家人都不了解我」，因而深化其無力感、絕望感及憤怒。這樣的經驗累積越多，越會讓被害者將整個世上歸為「敵人」，自己成為獨自對抗不義的戰士，或是乾脆自暴自棄，為了逃避現實沉迷於酒精或電玩之中的可能性大增。

只要看到男人，「那個人也和犯人是同一類的人吧」的想法就會自動浮現腦海。

經過身邊的陌生男子只要看我一眼，就會心想「你在打什麼主意，骯髒的傢伙」，所以盡可能避免與男人接觸。

——性暴力被害者親口陳述

創傷後遺症也是造成被害者人際關係扭曲的原因之一。對於過度警覺的被害者來說，人們發出的各式各樣噪音可能會成為難以忍受的刺激，因此許多被害者會逃避人際關係，經常可以觀察到被害者出現「避開與犯人性別相同或相貌相似之人」的反應。不同的被害者會對家人、情人、或朋友出現不同程度的過度依賴，但是過度的依賴會使身邊的人感到厭倦與疲憊，使得彼此關係惡化。

失去安全感而惶惶不安的鄰居

情緒部分

STS不僅會出現於被害者家人身上，也會出現在被害者身邊的人，包含鄰居。平時與被害者的關係越緊密，或發生事件之後必須要支援被害者的人，就越有可能出現STS的狀況。

居住地或工作地點距離案件發生處很近的人，也會增加STS發生的危險，因為不知道自己會不會有一天成為犯罪的目標而陷入恐懼。這種高度的不安與恐懼，會隨著事件相關報導，讓人更是繃緊神經，出現過度敏感的反應，誘發包括悲痛、憤怒等強烈的情緒反應[20]。

信念部分

大部分的人都是善良的。有史以來，不斷有人為了滿足自己的利益，甚至只是為了滿足自身好奇心，而犯下可怕的罪行。但是人類願意放下對於身旁共同體其他成員的懷疑與擔憂，選擇信任與依賴，使得人類不僅沒有滅亡，甚至變得繁榮昌盛，原因也在於此。當然代價就是，人類對於身旁共同體以外的人，增強了懷疑心與排他性。這樣的懷疑心與排他性，往往外面還會披著一層歧視的外衣。其實這樣會威脅共同體的健康，因此為了生存，與其懷疑其他個體，採取信任將會更有利於自己。

在同樣的脈絡下，提摩西．萊文（Timothy Levine）教授提出了「預設為真」理論（truth-default theory），主張人類傾向相信對方是真誠的，傾向相信對方有意願進行溝通。但每當發生犯罪事件時，就會威脅這樣的信念，並強化排他性與疑心重的特性。幸好人類具有驚人的遺忘能力與合理化能力，所以大部分的情況下（雖然因個人不同而存在時間差異），隨著時間流逝，可以逐漸找回過往的信任與信念。但如果反覆發生類似事件，團體的恢復性就會嚴重受損，共同體的健康性就會降低。到了這個階段，鄰居不再是犯罪被害者最堅強的支持支援力量，而是成為強力的二次加害者。

共感的代價：實務工作者的替代性衝擊

情緒部分

到現場案件就擺在眼前，沾滿血跡的痕跡、被害者逃跑的位置、照片中的臉龐……手上的這些資訊，讓我不由自主想像了案發經過，某瞬間突然覺得胸口悶悶的，全身起雞皮疙瘩。如果是像今天一樣下雨的日子，心情就會感到低落，那些場景突然浮現腦海，一整天都很難打起精神振作起來，有時候也會落淚……這些事情不是越做就會越習慣，很難對一切感到自在，反而變得越來越艱難，不管怎麼做，永遠都不會習慣這件事

——殺人事件現場整理者的經驗報告

血腥味、特殊藥水味……到現在我還是沒辦法前去滿是消毒水味道的大醫院，只有病得很重時才會趕快去社區裡的小診所拿藥。如果到了有消毒水味道的醫院，就會想起我整理的殺人事件兇案現場，完全無法忍受，因為現場擦拭血跡所使用的藥水，和消毒藥水味道完全一樣。

——殺人事件現場整理者的經驗報告

支援犯罪被害者的實務工作者，必須在事件後提供被害者身體、心理層面的支援，因此STS是相當難以避免的風險。許多研究充分證明，[21]一一九急救隊員、出動到現場的警察、殺人事件現場清理小組、急救醫學醫療團隊，以及提供被害者心理支援服務的社工人員和心理專業者，會因為直接或間接暴露在犯罪相關訊息之下，而受到STS的折磨。

值得注意的是，越是善於投入感情的實務工作者，STS症狀就會越嚴重。有的實務工作者將犯罪事件視為「只不過是一件必須要處理的工作」而保持心理距離，就比較擅長對抗STS。不過他們若遇到自己家人、同事或朋友等親密對象成為被害者，也會投入高度情感，因不安、恐懼、悲痛、憤怒等複雜情緒而痛苦。

從這個層面來看，支援犯罪被害者的實務工作者在提供支援的過程中，對事件抱持客觀看法，試圖保持距離，其實是一種生存的本能。但是為了自我保護，對事件越是客觀，就越難達到共感，而共感卻是在援助被害者的工作上所必須具備的。這是實務工作者經常會陷入的兩難局面，在兩者之間若是無法取得適當平衡，可能會容易罹患同情疲勞症候群或是替代性創傷。

同情疲勞症候群

偶爾潛意識之下，我也會懇切地希望個案不要來諮商。腦子可以充分理解諮商個案感到混亂及痛苦的立場，但是內心卻希望不要再見到諮商個案了。當我有這種想法時，就會覺得自己的專業程度不過就只有如此罷了，經常覺得沮喪難過。也會經常煩惱自己繼續做這工作究竟是不是對的。

同情疲勞（compassion fatigue）或共感疲勞（empathy fatigue）症候群是與STS或替代性創傷、耗盡等重疊的概念，亦即因情緒或身體的耗盡，對他人的同理心或憐憫感情的能力下降減弱。與「因整體工作環境或工作本身相關問題引起的職業倦怠（burn out）」相比較，同情疲勞是源自於照顧心理創傷的被害者經驗所引起的。同情疲勞症候群包含了憤怒、冷淡、不適、效能低落、應對能力下降等症狀，不只降低工作效率，也難以保持對被害者應有的共感憐憫態度[22]。

同情疲勞也可以稱為熱忱疲勞，若照顧被害者的時候需要消耗越多的精神能量，就越容易產生同情疲勞。如果沒有辦法與被害者保持適當的心理距離，會因為過度同理被害者的立場，導致情緒能量的枯竭，在某瞬間會讓共感能力下降（儘管諮商者自己不想要這樣），對被害者顯得冷淡與不具同理心，甚至開始像是對待物品般地對待被害者。若自己付出了許多的照顧質量，但被害者沒有恢復，或是過度提出要求，甚至責怪照顧者，這些情況都會加劇同情疲勞惡化。

替代性創傷

十年前的某天，我與生動描述殺人現場的被害者家屬進行了三小時深層諮商。深夜回家的路上，總覺得有人尾隨著我，回頭查看了無數次，而且那天夜晚做了惡夢，彷彿親身經歷殺人現場，體會到銳利刀尖刺進肚子的真實感。從惡夢中驚醒後，那感覺還是持續了很久。這是 STS 的症狀之一，幸好現在這樣的後遺症已經好轉許多。

儘管如此，為了保護自己和家人免於遭逢危險，不知不覺中我也開始出現防禦性行為，現在仍然如此。當然腦中仍努力維持著「這世界是安全的」信念，所以在維持日常生活的運作上沒有太大的困難。但現在我也認同，我已經沒辦法像投入支援犯罪被害者之前一樣，大門敞開只為了要和鄰居溝通往來；也沒辦法在深夜裡，為了要走捷徑而走過漆黑的小巷；更沒辦法在社群網站上留下個人照片或個人私生活小故事。

做這工作後出現的變化……嗯，我變善良許多了，不再狂妄自大，轉而安靜低調地生活，大家都這麼說，為什麼變得這麼低聲下氣。這工作做久了，就變成這樣了，不管對誰一律尊稱「老師」，同時鞠躬打招呼已經成了習慣，就怕對方若有誤會產生不愉快，會做出傷害我的舉動。

——被害者支援團體工作者的經驗報告

我絕對沒辦法走路回家，尤其是深夜，就算搭計程車也要搭到大門口才行，完全無法想像自己一個人走路。害怕有人從後方襲擊，總是不斷回頭又回頭查看，就算如此也無法安心。和朋友聚餐時，得要先決定好誰送我回家，才能放心玩，如果不這樣的話，就會一直擔心回家的路，沒辦法盡興地玩。

——被害者支援團體工作者的經驗報告

這些症狀稱之為替代性創傷（vicarious traumatization）。替代性創傷是支援被害者實務工作者常觀察到的現象，用來說明實務工作者對自己、他人的想法、感覺、行動等持續變化[23]的現象。STS、替代性創傷、耗盡、同情疲勞等概念經常被混用，但是替代性創傷有一個獨有特性，使它能與其它概念區分出來，就是「熱情與信念的變化」[24]。替代性創傷不僅會引發支援者的安全、信賴、自尊感、親密感、力量、獨立心、靈性、世界觀、自我概念等的崩潰（或者無法適應變化），嚴重時還會導致 PTSD[25]。

在適當環境中成長的人，自然而然發展出對他人與世界的信任與安全感，並根據這樣的信任來詮釋外在世界[26]。但是在支援被害者的過程中，反覆目睹可怕殘酷的犯罪現場與被害者的痛苦，這會嚴重損傷內心的信念。被害者講述事件發生的場景、氣味、聲音、觸覺等，完整無缺地滲透到實務工作者身上，誘發滲透性恐懼，這會妨礙睡眠、韌性、信任、渴望、健康的人際關係與笑容[27]。

替代性創傷的原因，來自持續與許多經歷心理創傷事件的被害者見面，深入傾聽他們的經驗，並與之共感。雖然每個人不同，有人對替代性創傷較為脆弱，有人則沒那麼脆弱，但是不管對誰來說，支援犯罪被害者的經驗，都是會造成替代性創傷的危險因素。

崩垮的安全感似乎是難以恢復，即使經歷替代性外傷後，在精神方面比過去更為成長（這稱為替代性創傷後成長），但不代表內心的安全感能恢復到過去的程度，那不過只是代表「與替代性創傷症狀和平共處」，盡最大努力讓這些症狀不要妨礙此時此處的生活。替代性創傷不僅威脅著實務工作者自身的精神安寧，也會導致支援被害者工作品質的下降，因此需要成員們共同關注並一起思考。

社會品格與犯罪

犯罪的社會成本

因犯罪造成的社會成本實際是非常巨大的，其中包含了保安、防範、保險等所需的預防費用，還有因犯罪產生的財產損失、身體、精神損失的費用、以及調查機關、矯正機關營運費用等相對的費用。根據二〇一一年刑事政策研究院發表的報告書，光是在二〇〇八年一年中韓國犯罪社會成本高達一百八十五兆韓元（約五點三兆台幣）[28]，也就是說，每個韓國人每年必須承擔將近新台幣十萬元的犯罪相關費用。

引起韓國社會軒然大波的連續殺人犯柳永哲、姜浩順、徐振煥，光是這三名犯罪者造成的犯罪社會成本就高達五千五百五十七億韓元（約一百五十八億新台幣）[29]。雖然很難找到更新的犯罪社會成本調查結果，但現在與二〇〇八年相比，費用降低的可能性極小。另外，透過媒體肆意傳播犯罪的刺激性結果，造成國民的不安和緊張加劇而導致的間接費用，推測比十年前費用大幅增長，這也十分合理。

另外根據二〇一六年刑事政策研究院發表顯示，保護觀察對象的再犯率每降低一個百分點，每年就可以節省因犯罪支出的社會成本約九百零三億韓元（超過二十億台幣）[30]。這也充分展示了為了抑制再度犯罪，進行的犯罪矯正和諮商是多麼重要且有意義的事。

社會品質的低落

社會品質指的是組成一個社會的市民，能在共同體內多大程度地充分發揮自己的潛力，享受經濟與文化生活，也可以稱為社會的品格[31]。質量好的社會具有安全、信賴、包容、有活力等文化特徵。毫無疑問地，犯罪增加將是降低社會質量的主要變數。

素質優良的社會作為一個共同體，理應具有治癒的功能。但如果暴力犯罪反覆發生，導致社會質量下降，國民因為隨時可能會成為犯罪被害者而感到惶惶不安，難以形成及維持互惠且具支持性的關係，此時社會也將失去治癒的力量。

險惡世界症候群

犯罪不僅會剝奪安全感，還會破壞我們對世界的正面期待與好奇心，甚至破壞同情，讓社會共同體成員出現「險惡世界症候群」（mean world syndrome）。這個詞是新聞工作者喬治・葛本納（George Gerbner）於一九七〇年代初次提出的概念，指的是社會大眾透過媒體的報導，頻繁而間接地暴露在暴力事件中，發展出「覺得世界比實際更危險、更險惡」的偏差認知現象。

依據葛本納的理論，具有險惡世界症候群的市民表現出對犯罪的恐怖與害怕，對環境刺激會過度敏感與過度警戒，也會表現出過度悲觀的態度。諷刺的是，越是覺得如此，越是覺得世界是個充滿惡意的空間，也越會對於實際犯罪被害者的痛苦表現出冷淡的反應。

這可以理解為過度將焦點放在保護自己免於危險，反而失去心理餘力，無法安慰和照顧那些因為遭受犯罪而變得脆弱的被害者。這種現象與支援犯罪被害者實務工作者的同情疲勞症候群相似，反覆暴露在直接或間接的犯罪心理創傷下，也有點像是整體社會都陷入了同情疲勞症候群。

我們可以進一步這樣想……

犯罪行為對被害者的身體、心理和人際關係都會造成巨大的損害，帶來的社會成本也相當可觀。被害者因犯罪行為遭受直接或間接的損失（一次傷害），事發後又因接觸大眾媒體、社區、刑事司法機關等過程中，也會受到大大小小的二次傷害[32]。比起一次傷害，二次傷害對被害者會產生更嚴重、更可怕的結果，這樣的經歷改變了被害者的生活軌跡，引發人際關係不適應、憂鬱症、性格障礙、自殺、被害妄想等多種內在問題，這就稱為三次傷害。

犯罪的影響並不侷限於被害當事者，也會嚴重損害家庭、社區共同體、整體社會的健康。在處理案件的過程中，可能會連帶出現更多的STS被害者與替代性創傷被害者。如果社會成員對於國家機關（例如刑事司法機關）不信任以及滋生敵意，還會導致舉報率降低，社會健康也會隨之下降。對犯罪感到茫然的不安和恐懼，犧牲了市民們的心理安寧，付出更多的社會成本。這些都充分說明了犯罪現象不僅是加害者和被害者的問題，而是全體社會成員必須持續關注，並積極應對的爭論焦點。

Chapter
5

這世界還是
值得活下去的

人們在我身上印上了被害者的烙印，對待我像個被害者，
所以我不想見到同情我的人。一直以來都沒有人對我釋出善意，
但是自從媽媽死了之後，人們開始特別關心我，一直黏在我身邊，
總是如此讓我覺得負擔很重，想要一死了之，
所以又會更加躲避人們。希望大家對待我時，
不要只視我為被害者，而是作為鄰居、社會的一員，
自然地對待我。

——殺人事件被害者家屬的真實陳述

任何人都可能成為犯罪被害者，這也是為什麼我們要關注、保護被害者的理由。此刻我們對被害者的共感與關懷，可能是未來最好的保險，所以現在就讓我們以仔細查看保險條約內容的心情，來看看促進犯罪被害者恢復和成長的因素，並試著開始思考，為了幫助被害者恢復為健康的鄰居，我們能做些什麼。

身為人生的主人

幾年前讀了一篇有趣的報導，標題是〈治療心理創傷的可能性：實驗發現小白鼠過去的痛苦記憶消失了〉[1]，這個標題充分引起創傷研究者，同時也是治療者我的好奇心。報導說，多倫多大學神經科學研究小組發現，透過注射特定化學物質，抑制特定細胞活動，可以消除記憶。如果按照研究者的主張，我們可以選擇「單獨抑制心理創傷的記憶」，消除那些因為記憶而帶來的精神痛苦。

對於因心理創傷而飽受痛苦的許多人，以及支援他們的各個職業的實務工作者來說，還有比這更好的消息嗎？但是一邊讀著這篇報導，又忍不住一邊搖頭：真的只要抑制與事件有關的記憶，所有的問題就會消失嗎？如果除去記憶的話，因心理創傷受損的大腦功能會自動恢復原狀嗎？在治療創傷的實務中，「記憶」不只存在於大腦裡，也儲存在身體裡，如果去除大腦中儲存的記憶，隱藏在身體各處的創傷記憶也會消失嗎？如果可能的話，抹去心理創傷的人生真的有意義且幸福嗎？

我也很清楚，因為心理創傷（尤其是因為犯罪創傷後遺症）而飽受痛苦的大部分被害者，現在肯定會一秒都不遲疑地說：「只要能消除記憶的話，我願意。」如果我是當事者的話也會如此。但我也非常清楚，凡是曾經歷創傷而藉此為契機得到成長的人，絕對不會希望刪除記憶的。人類在生活之中會自我成長，無論在過程中是如何痛苦掙扎，多麼想要否認，在經歷創傷事件後，這種成長也不會停止。所有後遺症都是源於「試圖想從心理創傷恢復」，而令人驚訝的是，在這個過程裡，所有人都會以自己的方式，靠著各自本事能耐，達到精神方面的成長。這可不是理論，而是事實。自從投入實務工作以來，我與被害者一起度過艱苦的旅程，看著他們以自己的方式將心理創傷再度融合到生活內。每當我暫時遺忘的時候，他們就會提醒我人類的內心有著多麼強大的自我治癒力量，他們是我最優秀的老師。

經歷心理創傷後，與以前相比，人的自我知覺、人際關係都會成長，生活中也會變得更加成熟，這稱之為創傷後成長（post traumatic growth）[2]。創傷後成長的速度與方式，會因人而有很大的不同。有些人不斷更新變化，持續變得更成熟；有些人在事件發生之後雖有快速成長，卻在某一瞬間（通常是因為生活壓力增加或其他心理創傷）慢下來了，或是暫時停止成長。另外也有些人因為長時間處在如地獄般的痛苦中，到了某個瞬間彷彿大徹大悟似的覺醒，終於成長而改變。

要注意的是，大部分情況下被害者恢復的速度，會比身邊人的期待要來得慢。時間漸漸過去，身邊的人忍耐力逐漸枯竭，開始抱怨被害者恢復的速度不如預期。根據我的實務經驗，**身邊的人的「耐心有效期」其實不長，短則三個月，長則六個月左右**。

當然也有數年來一直保持著耐心、陪在被害者身邊一起度過痛苦時間的家人和朋友——只是很少見。最好的治療策略其實就是保持良好的心理警戒與耐心等待。不過也要切記，在與被害者同理的漫長過程中，假如鄰舍或家人變得「過度同理、過度親密」而打破了界限，反而會使創傷後成長速度變慢。

為了盡快修復犯罪被害的傷口，國家和社區共同體成員的確應該齊心努力，但這並不代表被害者什麼也不用做。即使成為犯罪被害者，也不能免去自己的生活責任；儘管受到犯罪行為的侵害，但被害者在自己生活中那些「沒有受到傷害」的層面上，還是要為自己負責。**當被害者感到「我對我自己責任重大」，才能產生成長的動力。**

如果被害者周圍的人過度保護，過度免除了被害者自己的努力與責任，反而會使被害者變得無力，弱化他的成長意志力。最糟的情況下，被害者會將生活中經歷到的大大小小困難，全部怪罪到「因為我是犯罪被害者」這個原因上，造成他無法邁步向前。此時被害者會自行選擇「活得像個被害者」，馴服自己過著被害者的生活，最後以符合被害者身份的方式生活。這就是前面提到的自我實現預言的結果。

因此如果沒有特別的理由，在心理諮商初期階段，我會小心謹慎、但語氣果斷地對犯罪被害者提及「透過心理諮商好轉的責任，不在諮商師，而是在被害者自己」。有些被害者聽到這句話後，短時間會感到驚慌，但是大部分的被害者也很爽快地同意這句話，前來諮商的動機也會變得更高。換句話說，雖然受到了犯罪的侵害，但若能意識到「自己仍是生活的主人」，對恢復生活的自主性有很

換句話說，被害者的家人、鄰居以及支援被害者的實務工作者，都無法成為救援者——能拯救被害者的，只有被害者自己。因此**被害者周圍的人不是救援者，而是健康的協助者**

角色；周圍的人要保持憐憫與同理，但不要逾越心理界線，要讓被害者保持「自己仍是生活主人」的感覺。

這些是有利恢復的因素

在犯罪後遺症的恢復過程中，會有很多錯綜複雜的因素交織在一起產生影響，包含加害者和被害者之間的關係、犯罪事件類型、被害者個人特質、社會文化等。甚至同樣的因素，對某些被害者來說是保護因素，對其他被害者而言是危險因素。例如，如果加害者是認識的人，對某些被害者而言，可以提高「可預測性」，而成為保護因素；但對其他被害者而言，擔心加害人會報復，因此成為危險因素。以下就把一些重要的保護因素歸納整理，這些內容的基礎，來自大量學者的研究與實務工作者的經驗。

時間

在諮商時聽著許多人各式各樣的故事，最常聽的一句話是「真想回到過去」。也許，如果能夠帶著此時此處才能擁有的智慧重返過去，幾乎所有人都會毫不猶豫選擇回到過去，因為很明顯的，我們會做出比過去更明智的決策。可是，如果讓時間倒轉到過去，條件是必須要放棄「直到現在才知道的所有一切」，那又會如何呢？還會毫不猶豫地選擇回到過去嗎？

人類一方面會做出合理且理性的思考與判斷，一方面也會做出不合理判斷，將自己的人生推向悲劇性結局。因此不管是你還是我，經常都會做出愚蠢且錯誤的決策，然後為此反覆感到後悔與煩惱，接著在這樣的情況下勇敢發現價值，從而獲得成長。從這一層意義來看，過去的任何一個瞬間都不能說是毫無意義或毫無價值——如果沒有那段時間，就沒有現在的我。

無論男女老少，所有的人都是自己人生的主人，生命中的每一瞬間都在以自己的方式，創造屬於自己的生活。或許某人在其他人眼裡看起來是愚昧、懶惰、不負責任的人，甚至就算他自己過了一段時間也感到後悔，但也不能否認，這是他自己的最佳選擇。既然明白了這一點，為什麼許多人在回顧過往的時候，依舊會感到後悔，想要「回到過去」呢？因為我們們太清楚：時間是無法倒轉的。

許多犯罪被害者明知時間無法倒轉，卻無法放下「希望時間倒轉」的心情，造成無數不成眠的夜晚。可是從我的實務經驗來看，這其實也是「為了接受現實而做的準備工作」，因為大部分來和我諮商的被害者，要直到用盡了全身力氣與精神，終於承認過去一切真的無法挽回，這才停止後悔，開始步上原諒自己與這世界的過程。

許多人會對想要回到過去的被害人說「時間無法倒轉，就忘了一切吧」。遺忘顯然是神賜予最有價值的禮物，但可惜的是，越是痛苦的記憶，越是強烈渴望遺忘，遺忘的速度就會越慢。甚至大腦對越大的創傷性事件，也越有可能拒絕遺忘。一旦發生威脅性情況，大腦就會自動預測該事件會再度發生的可能性是百分之百；如果大腦忘記創傷事件，就代表發生類似情況時，會失去迅速應對的機會，所以大腦絕對不可能讓這件事發生。

因此，像我這樣的心理創傷治療專家並不會談論「遺忘那些心理創傷的記憶吧」。相反的，所謂的克服，乃是**思考「如何和心理創傷的記憶一起生活」的方法**。克服創傷記憶是以忍受痛苦的時間為代價，雖可以在鎮靜劑的幫助下，度過既不悲傷也不痛苦的時間，但是心理創傷並不會自動獲得解決。只有面對那段記憶，度過痛苦的時間，原諒自己，心理創傷才會成為過去。

只要有一個人能給予照顧

前面說過，治療心理創傷最強而有力的因素就是「時間」，但對於被害者來說，這也不意味著「只要忍耐堅持到底，時間會解決一切的」。旁人說出這樣的話，可能只是想要滿足自己「想要安慰他人的欲望」，但是對被害者來說，這不過是空虛的文字遊戲。諮商實務現場遇到的多數被害者都說，家人、朋友、甚至宗教領袖們的那些安慰，不僅沒有幫助，反而成了毒藥。

時間對任何人而言都是公平地以同樣速度流逝，但每個人在時間裡卻有著不同的經歷，所以時間的正面積極效果也會因人而異。只要在具有保護的環境中安全生活，時間無疑是治療創傷的特效藥；但如果只能獨自孤單地對抗後遺症，那麼漫長的時間又會成為另一種苦痛，痛苦之中度過的時間逐漸累積，就會成為讓症狀惡化的因素。

恢復的旅程漫長且艱辛，因此自己獨自承受是非常辛苦的。但正如死亡相關議題的權威人士伊莉莎白．庫伯樂羅斯（Elisabeth Kübler-Ross）所言，**只要有一個人能給出照顧**，那條路就可以少一點孤單，少一點疲憊，少一些痛苦。被害者意識到的社會支持的質與量，不僅可以保護被害者減緩因犯罪被害帶來的憂鬱、不安、仇恨憤怒等後遺症，扮演緩衝作用的角色，還能幫助被害者適應事件後所經歷的各種壓力，這在許多研究中也清楚證明[3]。如果能夠給予照顧的人，從一個人增加到兩個人，三個人，那麼被害者恢復的速度會更快，社會共同體的整體健康也會進一步提高。

雖然周圍的關心與照顧對被害者恢復非常重要，但許多被害者在犯罪事件發生後，會對於來自身邊的密集關心，感到非常不舒服，甚至身邊人對被害者所說的溫暖話語（在平時，這些溫暖的話肯定會給人充分的安慰），聽在被害者耳中並不是安慰，而是侵犯，而是對方出自好奇心的刺探，甚至是想要窺探隱私。不僅如此，朋友、親戚、鄰居充滿同情、憐憫的視線，會引發被害者不愉快的心情，加深其孤立感。

為什麼會這樣呢？因為被害者的心理與身體狀態與平時不同，這也是為什麼我們身為被害者的健康鄰舍，需要學習「與被害者相處的策略」的原因。因為被害者此時需要的，是與平時不同的關心與關懷。

我和同事們在支援被害者的時候，會特別注意不要讓被害者遭到環境的孤立，例如連可以問候打招呼的家人、鄰居都沒有，或者獨自與生活孤軍奮戰等。這種的被害者，我們每天早上會打電話去確認狀況，問候他們，聊聊天氣。有位被害者因為腳不方便，住在地下室小套房裡，就連要走到家門外都需要鼓起好大勇氣，我們得到社福單位的幫助，為他送上小菜，並且陪他聊聊天。有位母親因為殺人事件失去兒子，不斷承受來自旁人「你兒子的死是他自找」的責難，彷彿連自己哀悼的權利都被剝奪了。為了她，我們聚辦了聯合追悼會，一起烤餅乾、製作蠟燭、一起畫畫。

類似上述這種「帶來安慰的時間」漸漸累積，受害者也會逐漸意識到時間是安全地流逝，才能展開「將犯罪事件融入生活」的過程，意識到「這個世界仍然值得生活」。

工作

在擬定被害者支援計畫時，有一點我一定會確認的，就是被害者有沒有因為這次犯罪事件而辭去原本的工作。犯罪傷害會瞬間改變被害者的心理，暫時受損的大腦要適應日常生活，也會降低工作效率，因此許多被害者會被勸說辭職，要不然就是自己考慮留職停薪或辭職。但是我會勸告被害者，在事件發生後盡可能繼續工作，也不要完全停止原本的宗教信仰、興趣休閒和社交活動（雖然次數與頻率都會降低），這樣才能盡量讓物理環境維持著與事件發生之前相似的狀態，減少因犯罪事件造成心理衝擊的餘波影響。

不管是工作還是休閒興趣，能有讓人身心投入的事情，代表能有一個喘息的空間。許多被害者好像本能就知道這一點，所以在事件發生後也沒有減少工作；也有的被害者為了防止事件記憶在不願意的時候入侵腦海，會更專注投入工作，彷彿是一種「抵抗回憶」的掙扎。正如前面所述，「時間」的確是一帖良藥，但是孤獨一人度過的時間，經常會成為可怕的毒藥。許多被害者自己獨處時，大部分的時間都花在咀嚼事件經過，但是過度回想只會引發無窮無盡的自責感與憤怒。與其這樣消磨時間，還不如堅守在工作崗位上專注於工作，對被害者還比較好——即使這樣可能會使得工作發生失誤增加，給同事帶來麻煩。

有位遺屬因殺人事件失去家人，之前不太常去教會，事件發生之後每週去三次；他也堅持每天晚上去補習班聽兩個小時的證照課程，雖然每次都無法集中精神，連講師說什麼都無法理解。有時腦子裡連自己中午吃了什麼都不記得，不過他依舊為了幫忙別人而到處奔走（就算他們沒有開口請他幫忙也一樣）。每當他因為不得已而必須長時間獨處的時候，也堅持不使用安眠藥，而是到街上一直走一直走一直走，直走到精疲力竭可以倒頭就睡的程度。這些對他來說是做得到的事情，只有這些事情才能讓他暫時可以確認自己「此時此處」的存在，讓他在沉重悲痛之中，能有些喘息的餘裕。

如果大腦損傷程度過大，無法做到類似上述程度的精神投入，當然也可以減少工作量或暫時停職。至於辭職，最好還是等到大腦功能充分恢復之後再做決定會比較好，因為能回到工作崗位，有助於確保自己對生活的自主性。心理專業人士都會建議暫時停職，而非辭職，並努力協助受害者在停職之路上的各種準備。但如果在犯罪事件發生之前，受害者就已經社會適應不良，或者是受害之後在職場、社區裡面遭遇到的二次加害不斷蔓延，此時倒不如重建新生活會更好。在這樣的情況下，我們的核心工作就會是協助受害人在嶄新環境中建構新的支持網。

日常活動為被害者提供了生活結構，使他們即使受害，仍能維持和以往一樣的生活結構，這樣不僅可以降低心理混亂，也可以對人生繼續擁有控制感，是從被害之中恢復的重要基礎。不管是職場工作、在家照顧孩子、興趣休閒，甚至是單純的瑣碎雜事都無所謂，只要規律的活動身體、做些事情，都有助於鎮定大腦。

追求靈性

我沒有宗教信仰，但是被夢境折磨驚醒的我，不自覺地開始祈禱，靜靜地祈禱、靜靜地哭……就這樣一面祈禱著一面不知不覺再度睡著。

——殺人事件被害者家屬的真實陳述

分析心理學的創始人卡爾·榮格在探訪世界各國的過程中，觀察到了宗教的普遍性與一般性，開始主張人類集體無意識中存在著靈性與宗教的信念。從榮格的觀點來看，心理治療的本質在於讓諮商個案能夠發現內在擁有的神蹟，從而實現自己[4]。即使不看榮格的主張，人類在本質上似乎也是追求靈性的存在，因為追求內心價值與意義，並且從中獲得感動，懂得感謝日常生活等等，就代表著已經具備追求靈性的態度了[5]。

值得注意的是，這種傾向在發生心理創傷事件時會變得更加強烈。當然，不同的個人差異很大，有些人因此對神產生埋怨、不信任、憤怒等情緒，不再信任過去的宗教信仰，或是改變宗教信仰；也有人會增加追求靈性的活動，努力在靈性脈絡中解釋心理創傷。兩者都是為了理解靈性而做的努力，從這點來看終究沒有什麼不同。

姊姊失蹤後，我也只是一如既往地去教會，懇切祈禱她能平安歸來。但在知道姊姊是毫無緣由遭到殺害後，現在，對我來說，教會已經不再是安全的空間了。

——殺人事件被害者家屬的真實陳述

我們不是要向犯罪被害者宣傳宗教信仰。雖然宗教信仰的確有助於克服心理創傷，但僅止於被害者自己選擇的情況之下，信仰的效果才會顯現。

我們也當記住，犯罪受害後若投入宗教活動，遭到第二次傷害的案例並不少見。有位十多歲的青少年被陌生人誘拐性侵，好不容易逃出，可是後來在教會裡，平常尊敬的牧師竟然看著他說：「不管對方犯下再兇惡的罪，都必須要原諒他，這樣才有資格成為上帝的子女。」一聽了這一席話，讓他心裡非常混亂，為了心理穩定，果斷地換了教會。有一位因殺人事件失去家人的遺屬，因為諮商師一直想帶他去參加信仰活動，他為了躲避於是放棄接受心理諮商。因為對他而言，所謂的神，不過是在犯人殘忍殺害自己心愛家人時，在一旁只是看著卻完全沒有阻止的「旁觀者」罷了。

有時候宗教活動也會妨礙心理創傷的處理過程。有位父親因殺人事件失去了孩子，盡了一切努力逼自己相信宗教領袖跟他說的「上帝因為很珍惜孩子，所以早早將孩子帶回身邊」等語（補充一點，這句話會讓殺人事件的遺屬感到非常憤怒），而且他對殺人兇手懷抱的正常憤怒，以及對死去孩子的思念，都被宗教解釋為不好的情緒，最後使得這位父親飽受罪惡感的折磨。對他來說，他個人情感挑戰了宗教信念，結果反倒需要去抑制、否定自己的情感。

犯罪事件發生後，想要去「否認那個事件有發生」的情緒是自然、且理所當然的，同時也有助於心理的生存。可是如果一直持續採取否認的心態，就無法處理心理創傷，恢復速度當然也會變慢。

哪些因素會妨礙恢復

二次加害

毫無疑問，二次加害會妨礙犯罪被害者恢復與成長。二次加害不僅包括媒體對事件盲目的報導，受害者在刑事司法程序上承受的二次加害，也包括因朋友、同事、鄰居等共同體成員肆意妄為所造成的二次加害。從被害者的立場來看，很容易可以預知媒體和刑事司法機關會成為潛在的二次加害者，因此可以提前思考要採取什麼自我保護方案；但親朋好友或鄰居的情況則不同，許多被害者都相信至少身邊的人會成為自己的支持網，理論上這種信任是非常合理、也是非常理性的。令人遺憾的是，被害者身邊的人經常成為最殘酷的二次加害者，而且這種情況還不少。

犯罪事件發生後，非當事者的旁人們會傾向把自己武裝起來，擺出一副「必須要確認真相的態度」，認為不應該只相信被害者的一面之詞，於是自己開始重新解釋整個事件。在這過程中，即使被害者受到犯罪事件的侵害已是事實，這些旁人也開始認為可能是被害者罪有應得。有的人甚至平時明明記憶力清晰，但面對被害者要求他們以證人身份出庭作證時，他們的記憶就會突然變得模糊不清；平時表現出自己是個有正義感、公正的人，這時卻害怕出庭會替自己帶來麻煩，於是變得卑躬屈膝；曾經那麼有同理心的人，為了保護自己，於是對被害者的態度變得相當冷淡。

大部分犯罪事件中，加害者只有一個人，但二次加害者絕大部份都是好多人，連社區共同體成員都會是二次加害者。不僅如此，除了虐待兒童、校園暴力、家庭暴力等之外，大部分的犯罪被害都是「一次性」，不過二次傷害卻會在日常生活中持續很長的時間。這就是為什麼對被害者而言，二次加害比犯罪本身更加殘酷的原因。

比起防止犯罪發生，防止二次加害可能會更容易。但遺憾的是二次加害不但沒有減少，反而逐漸增加，例如最近一樁年輕士兵自行選擇結束生命的案例，他就是先成為犯罪受害者，之後又飽受二次加害的折磨。此外還有很多受害者獨自孤軍奮戰，力求從犯罪被害事件的影響中恢復過來，卻因二次加害而失去恢復的動力，感到挫折或是選擇自行了斷——這些事，即使是到今天仍舊反覆發生。更令人遺憾的是，大部分的二次加害者根本不知道自己的行為會造成二次加害。

經濟困難

因犯罪被害而受重傷或死亡，國家雖會支付犯罪被害救助金，但僅靠救助金還不夠，並無法完全恢復因犯罪帶來的經濟損失。被害者的經濟困難大多不是暫時性的，而是持續數月、甚至數年以上，這些往往成為妨礙或惡化心理恢復的主要因素。

有些被害者在事件後失去工作，後來在專門機構幫助下成功再度就業，展開第二人生。也有被害者在事件發生後，雖然工作效率下降，失誤增加，在公司體諒下讓被害者請數個月的病假，再回歸工作崗位重新適應。不僅如此，公司同事們獲悉犯人竟然還出沒於受害者身邊伺機報復，於是每當有陌生人造訪公司，也會立即告知被害者，讓被害者可以預防，要不然就是陪伴在受害者身旁一起應變危機，或者報警要求加強巡查。

這一切都得靠被害者的意志與努力，再加上社區共同體成員的照顧與支持才能實現。**因為人而造成的傷口，也因為人而得到最快、且最有效的治癒；因為壞人被破壞的平凡生活，因為身邊人的善意幫助恢復。**如果能夠維持這樣的感覺，那麼被害者難道不會更有勇氣，繼續在艱苦生活中之撐下去嗎？

刑事司法程序相關壓力

為了維持健全的社會，「犯人得到與他罪刑相當的懲罰」是非常重要的。被害者參與刑事司法程序，行使身為當事者的權限，對於從傷害中恢復也具有相當大的價值。最近的研究也可以發現，只要以保護被害者的方式進行，在法庭中作證對提高被害者的掌控感及恢復心理後遺症，也具有相當大的正面積極作用。[6]

不過也有很多研究指出，受害者參與刑事審判時，司法程序越繁瑣，就越難從被害中恢復，這是因為受害者在刑事司法程序內，被強行要求以證人身分（而不是當事者）進行陳述，必須得承受調查程序帶來的損失與不便，並在過程中頻繁暴露在二次傷害之下。在這過程所要承受的壓力，並不小於犯罪被害本身，同時也會妨礙被害者回歸日常生活。

上個世紀曾有一樁名案，美式足球員、知名影星OJ辛普森在一九九四年七月被列為殺害他前妻及另一名男性的嫌疑人，接受了將近一年的審判。辛普森在逃離現場時被逮捕，在殺人證物中檢測出他的基因，他的襪子和車子裡也發現了被害者的血跡，犯罪現場及他的住宅中也發現了一雙沾滿血跡的皮手套等，多項證據都指向辛普森就是殺人兇手。

儘管有這麼多證據，法院仍然宣判無罪。大家認為因為他有錢，又利用了種族議題，能夠從原本的有罪改為無罪。不過，法院不得不做出無罪宣判的理由在於，檢警在採證過程中犯下了各式各樣的錯誤，造成證據被汙染，難以排除偽造證據的可能性。這些漏洞使證據變得薄弱，無法充分證明罪行（必須要高於「合理懷疑」的程度），陪審團在經過長久討論後，最終做出無罪判決。

這裡要記住的一點是，被告在刑事上獲判無罪，僅代表「證據不足以證明被告的嫌疑」，絕不意味著受害者說謊指控。被告獲判無罪，只是代表負責舉證的檢方沒有找到強而有力、充分的證據，因此光憑無罪這點就斷定受害者是誣告，並不妥當。

但是在現實中，若被告獲判無罪，等於在受害者身上烙下「說謊」的印記。越多人知道案件，在調查或審判過程中帶給被害者二次傷害的可能性就越大，隨著宣告無罪，帶來的社會烙印和二次傷害就越殘酷。如此一來，受害者精神上的痛苦只會更加惡化。誣告者當然值得懲罰，但在犯罪被害中，因沒有確切證據而被判無罪的案例也確實存在，在這樣的案件中，受害者付出的代價是必須忍受數年的刑事訴訟過程，運氣好的話「只是」被烙上說謊的印記，運氣不好就會成為誣告事件的嫌疑人。

我們在正規教育中向來學習到的是，即使是做了壞事的人，也有權利受到尊重與公正對待，所以人們常常說「可以恨罪，但不要恨人」。那麼，那些受害者呢？被告因證據不足而無罪，就使受害者被烙上「誣告」的印記，沒了尊重與關懷，這樣又是否妥當呢？大部分的情況下，大眾無法擁有足夠的資訊去判斷「究竟他是誣告嫌疑人，還是犯罪受害者」。即使被告無罪，我們身為社會共同體成員，仍應平等對待受害者，待他如我們平凡的鄰舍，這樣才對。

即使犯罪事件已經過了幾年，有位受害者偶爾還是會在凌晨寄電子郵件給我。他在那時間寄信給我，代表他又做惡夢了，在夢境中他又遭遇數年前相同的經歷。他會這樣，很可能代表他的生活壓力非常大。這段日子以來，他一直努力將遭逢犯罪事件的記憶，融入自己的生活中，一步一步走過艱苦的過程，希望提昇自己的生活品質。無奈生活壓力總是導致暫時性的症狀惡化，透過一次又一次的惡夢將他帶回到犯罪被害的當下。

這種現象不是只出現在他身上，也不是只會發生在犯罪被害者身上而已。許多人面對超過自身能承受的強大壓力事件時，常常會回到人生最痛苦的時期。心理創傷記憶似乎具有「互相吸引」的屬性，大腦將此刻承受的巨大壓力解讀為心理創傷事件，於是刺激了過往心理創傷的記憶，再度動搖好不容易重新建立起的生活結構。幸好，隨著這種內心動搖反覆發生，大部分的被害者都會越來越堅強，時間越久，內心動搖的強度與頻率會越發減少。因此，被害者與其家屬、親友應該理解並知道該如何應對這些症狀。很多情況下，暫時性的症狀惡化是大幅好轉的徵兆。

只要有一位照顧者的力量

身為受害者的鄰舍（社會共同體成員），或者支援受害者的相關事務工作者，能夠做些什麼來幫助受害者恢復與成長呢？以下就是一些可以做的事。這些事項，是取自受害者本人、家屬的經驗，並且考量了哪些因素會造成被害後遺症。這些事項的目的是減少二次傷害，但必須根據現實與被害者的關係特性、事件性質、被害者所處的各種現實條件等狀況來靈活應用。

如何安慰

- 對任何人來說，安慰都能給予很大的力量。但是對受害者來說，**輕率的安慰言辭不會帶來任何幫助**。旁人為了安慰而輕率說出口的話，還可能成為灑在傷口上的鹽。
- 如果真的想要安慰受害者，卻想不到適當的話語，不妨**在一旁保持沉默會更好**。

- 有時候，最好的方法可能是**帶著憐憫、疼惜的眼神及語氣說出「如果有我能幫得上的忙，請隨時開口告訴我**」等語。
- **盡量避免告訴對方要「加油」**。如果光靠這句話就能獲得力量，那麼不說這句話也可以獲得力量。對某些人來說，「加油」這句話可能意味著「必須要加油」的壓力，反而使得他不敢向外表達自己的疲倦和痛苦。
- **不要把「對自己適用的安慰方法」，強加在被害者身上**。一樣米養百樣人，犯罪受害者不會在一夜之間突然變成和其他人一模一樣的人。

如何提供協助

- 為了能夠幫助被害者，重要的是平時就應該**注意並理解被害者的需求**。
- 幫助的時機，不是在你想要給的時候，而是**在被害者要求的時候才提供幫助**。當然有時候確實存在被害者明明需要協助，卻難以開口請求的情況，那麼就可以先開口提議願意提供幫助。假如被害者明確拒絕提案，那麼即使對方看起來非常需要幫助，也請不要提供幫助。因為在對方不願意之下的幫助，不是幫助，而是干預。

- 不是給予你想要給予的幫助，而是**提供被害者需要的幫助**。另外，除非是受害者（或受害者身邊人們）即時的人身安危事件，否則只要受害者表示拒絕，就請立即停止幫助。
- **微小、日常的協助**，都有助於被害者恢復對世界的信任。一杯熱茶、一句問候、分享剛做好的小菜或零食、掃除被害者家門前堆積的落葉或積雪、幫忙受害者叫車或順道接送、暫時幫忙照顧小孩等。

如何傾聽

- 尊重被害者有**不願意說話**的權利。
- **聊天是強而有力的自我療癒活動**，因此如果被害者想談論日常生活的主題，就在一旁充分傾聽並且附和。要記得，被害者想要聊聊日常生活，並不是因為他「表現得不像被害者」，也不是因為他沒有後遺症，這其實是**為了心理生存而做出的掙扎**。

- 如果被害者願意談論那次犯罪事件，而**你也有傾聽該次事件的心理餘裕**，請允許被害者暢所欲言。被害者彷彿嘔吐般，不斷反覆談論事件，目的是為了在腦海中整理並理解事件，讓情緒可以有所轉換。因此要讓被害者感覺自己的情緒是被接納的，盡量保持冷靜傾聽。
- **不要輕率給予勸告與建議**。聽完被害者的話後，如果出自善意而輕率給出的各種意見，可能最終會成為無心的批評與評價。
- 盡可能把重點放在傾聽，**被害者不說的，不用硬要問**。
- 用適當的鼓勵與共感回應受害者，很自然地鼓勵對方「不管你說什麼我都會傾聽，想說什麼就放心說吧」。對方述說時，中間也可以告訴對方「慢慢說，我有在聽」、「我時間很充裕，暫時休息一下再聊吧」等。
- 即使被害者說的話沒有邏輯、沒頭沒尾，有時候不甚恰當，也要帶著共感與疼惜的肢體動作傾聽到最後，這是你能做到最好的支持。

- 如果被害者不願意表露情緒，請尊重他的決定。有時候被害者不願表現出負面情緒、想法，甚至可能表現得像是什麼事都沒發生過一樣，這樣的反應證明了，當他們經歷心理創傷後，仍仍在努力維持自我感知意識（sense of self）。因此要尊重被害者這種處理方式。
- 在談話過程中，如果被害者因情緒起伏而感到痛苦，而你又尚未具備「可以讓被害者充分冷靜下來」的技術，那麼請用疼惜憐憫的語氣對被害者說：「你好像很難過，今天就說到這裡好嗎？沒說完的，暫時休息一下，調整一下情緒再慢慢說好像比較好。」
- 如果被害者要說出非常隱私的事，你不妨先問他：「這件事告訴我也沒關係嗎？」讓他們考慮一下。因為有時候被害者主動說出私密資訊之後，會感到十分後悔。
- 可能的話，盡量別讓旁邊不相關的人看見受害者「情緒崩潰」的模樣。如果你與受害者是在公開場所說話，可以詢問他：「這裡人很多，在這邊說也沒關係嗎？」盡可能移動到更安全的場所再分享。

- 談話過程中，如果被害者陷入自我責備時，可以告訴他「你沒有做錯任何事，不是你的錯」。如果被害者還是持續責難自己的話，就想成這是自然現象，只要傾聽就好。只是要注意：不要在不知不覺中，做出「同意」的反應。
- 盡可能保持冷靜、穩定的態度。雖然有時候和被害者一起哭泣、一起憤怒，有助於被害者淨化情緒，但要記得，若受害者看到身邊的人因為他的故事而心情起波瀾、感到痛苦，又可能引發受害者另一種罪惡感。當然也要注意，避免過度保持心理距離，別讓被害者覺得你看起來很冷淡或是漠不關心。
- 如果被害者想談論事件，但是你認為自己還沒有做好心理準備要聽這件事的話，可以告訴他「雖然我也很願意聽你說，但是很抱歉，我現在還沒做好心理準備，要不要介紹可以更安全聊天的人？」不妨建議被害者到類似「微笑中心」[7]等專門機構進行諮商。這樣做的原因是。從被害者的口中直接聽到詳細的犯罪被害內容，可能會造成你的間接傷害。

- 對話中要注意，類似以下這些膚淺的安慰之言乃是毒藥。「我可以了解」、「是上帝的旨意」、「隨著時間流逝會慢慢沒事的」、「幸好沒更嚴重」。記住，**談話的核心是「傾聽」**。有人傾聽我的故事，光是這樣就足以得到安慰。唯有人類才會這樣。另外，也唯有人類才能透過具體敘述自身經驗的過程，整理自己的思緒和感情，自己安慰自己。
- 在對話中，不要長篇大論一直說自己的經驗談。當受害者想要向他人傾訴自己的被害經歷，這時他人的經驗談只不過是空話，只不過是想要給出教導似的。他人的這種「我來教導你」態度，可能會讓被害者不願再談論自己的故事，也可能給人一種「把受害者的經驗當作小事看待」的感覺。

適當的等待

- 等待，直到被害者先跨出那一步。與受害者保持適當距離，**尊重心理和生理上的界**

線，這點非常重要。與其它心理創傷不同，因人類行為造成的犯罪，在本質上就是極度嚴重地侵犯了人與人之間的界線。因此在遭受犯罪之後，許多被害者會保持過度的警覺心，維持高度的警戒與高度的防備。因此盡量避免：突然接近被害者、試圖有肢體接觸、大聲說話、無預警拜訪被害人等行為。

- **不要催促被害者「快一點好起來」**，只要在一旁等待。恢復的速度由被害者決定，究竟會是一天，還是幾年，就連被害者自己也不知道，但可以知道的是，肯定比家屬和鄰居所期待的速度還要慢上許多。因此，家人與身邊的人應該要保持耐心，默默在一旁關心被害者以自己的方式從傷痛中恢復就好了。
- 有了旁人的等待，才使得被害者**可以自行做選擇**。發生了心理創傷事件之後，被害者可能在合理的決策上，出現相當大的困難，甚至有時候連瑣碎的小事都無法做出決定，還會推給家人、身邊的人、支援工作者去幫他做決定。一個成年的人，人生中所有的選擇都必須由自己判斷，即使是身為犯罪受害者，這個原則也不會改變。
- 重要的是，**提供豐富、優質的資訊，使被害者足以做出合理選擇**。例外情況則是與立即的人身安全相關之事項，如果被害者不能自行做出決定時，可由身邊的人代為決定並拿出行動。

適當的沉默

- 不要散播傳聞。讓被害者感到最痛苦的事情之一就是「傳聞」，如果讓很多人知道犯罪被害的事實，會帶給被害者高度的羞恥心和恐懼感。要記住，如果不是事實，而是「虛假」訊息透過傳聞傳播開來，會讓被害者心理的痛苦更加倍，最糟的情況可能會挫敗生活的意志。
- 透過媒體與身邊的人口中獲得的訊息，大部分都是擷取的，是片面的，可能與事實不符。因此，不要以為你知道的就是全部，也不要告訴別人。
- 如果沒有正當理由，必須徹底保密被害者的私生活相關訊息。
- 不要告訴被害者可能會回想起自己事件的類似案件訊息或消息。他人的犯罪被害消息會讓被害者回想起發生在自己身上的事件，身邊的人對其他被害者的對話和評價，會解讀成對自己的評價。犯罪被害者在事件發生後，好長一段時間不看新聞、犯罪相關電視劇、電影或綜藝節目，也是因為這個原因。

改正錯誤的觀念

- **不要將責任轉嫁到受害者身上**。犯罪案件不是因「受害者自己犯了錯」而招致的懲罰，也不是一種因果報應。「被害者促發論」是一種偏見，危險又可怕，是加害人拿來自我合理化罪行之用。
- **不要期待被害者拿出「受害者應有的樣子」**。被害者形象是一種假象，來自於錯誤的觀念。
- **不要視被害者為「特殊的人，和我們不一樣」，也不要歧視他們**。他們的確因為運氣不好而遭到犯罪的傷害，但那種惡運並不是病毒，也不會傳染。因此在犯罪事件發生後，沒有必要擔心房價行情會下跌，也沒理由擔心自己也會受到犯罪傷害而考慮搬家。

我們可以進一步這樣想……

如果你未曾遭受犯罪傷害的話，並不是你比任何人都活得還要真誠、踏實、盡心盡力過好自己的人生，而只是因為你運氣比較好而已。的確有些人可能身處在較容易發生犯罪的生活方式或職業，但大家也都認同這點：生活方式及職業，並非只根據某人的努力，就能公平選擇的。

在社會集體安全的脈絡下，我們對犯罪的關注，顯然很有價值也很重要。但是如果像現在這樣，過度關注「罪行有多麼殘酷」或把被害者當作理解犯罪心理的工具，那麼這樣繼續消費他們，別說是提高共同體的健全性，就連抑制犯罪發生的效果也難以期待。不僅如此，還會過度助長共同體成員的不安，加深對犯罪的誤會與偏見，也會造成厭惡與歧視，甚至提高了相關的犯罪發生率。因此，我們現在應該從犯罪事件的另一個角度，亦即受害者的立場，來看待犯罪事件，積極尋找方法來保護與支援同為社會共同體成員的他們。

Chapter 6

理解懷抱傷痛的孩子

那天爸爸特別生氣，忍不住怒火，亂丟東西好一陣子，
還狠狠打了我和妹妹。因為太害怕了，
我和妹妹兩個人躲在角落蜷縮著不敢動，直到警察來敲門，
說有路人聽到打小孩的聲音，所以打了電話報警。在調查時，
在敘述被打的事情時，痛苦悲傷湧上心頭，說爸爸還摸了身體，
做了奇怪的事情，所以爸爸被抓走了。但是全都是我騙人的，
拜託把爸爸放了吧，媽媽說沒有爸爸活不下去。

——虐兒及家人性侵案被害者親口陳述

「我明明也有過兒童時期，但是要理解兒童心理真的很不容易。經常採訪以兒童為對象的犯罪事件，就連我們偶爾也會對孩子們的行為感到驚訝，更何況是一般人要理解會有多困難啊。」

這是不久前我在接受時事節目採訪時，聽到節目製作人說的話。據我所知他非常優秀，是一位相當有經驗的製作人，也非常努力研習兒童與青少年心理。這樣的他會說出這樣的話，充分表現了「受到犯罪造成心理創傷的孩子，反應會與成人有多大的不同」。

孩子並不是縮小版的成人，不僅如此，與成人相比，孩子根據養育者的態度、價值觀、所屬次文化特性等因素，會產生極大的個人差異。甚至同樣父母養育長大的孩子，也會因為個人氣質、出生順序、同儕間經歷的質量等，發展出不同的性格。因此要理解特定孩子的言行舉止，首先必須理解這孩子所屬的次文化，同時也要仔細探索這孩子在成長過程中經歷過什麼。

因為孩子的特性，讓他們在受到犯罪被害後面臨巨大壓力時，會引發非常獨特的反應，往往就連父母也會認為孩子遭逢犯罪被害之後，表現出的反應不符常理，或不正常，甚至會懷疑孩子陳述的真實性。一般日常情況下，這種誤會並不會造成大問題，但是在犯罪案件中卻不是這樣，因為在事件之後孩子吐露的言語及行動，往往會成為嫌犯有罪、無罪的重要線索。

遺憾的是，即使今日已有專門針對兒童制定的多種保護與支援的制度，一般人和法律相關人士，依舊不太理解「兒童身為受害者」會展現什麼特性。因此身負責任的成人經常錯誤解釋孩子的言行，導致適當的保護及支援措施失效，造成孩子心理問題惡化，或難以查明事實真相。因此，在本書最後一章中，為了擴大對兒童犯罪被害者的理解，我們將更詳細解說兒童在各種犯罪類型當中，會展現的獨特性。

再也不會出現的家人

十幾年前我曾經接到警方請求，分析一位小學生的陳述。根據警察所述，孩子的父母大吵一架，次日在住家附近的山林中，登山客發現了妻子的屍體。當時家裡除了夫妻二人與孩子，沒有其他人了，也沒有外人出入的跡象，因此丈夫被認為有很大的嫌疑。丈夫堅決否認犯案，並稱夫妻大吵一架，妻子一氣之下奪門而出，就再也沒有回來了，而自己完全沒有出門。

遺憾的是，本來屍體上可能留有的跡證，在當天晚上的暴雨中全都被沖刷消失，因此從夫妻爭吵開始到發現屍體為止，留在家中的孩子看到什麼、聽到什麼，成了本次案件調查中最重要的焦點。孩子身為殺人案件中可能的目擊證人，長時間內接受了兩次偵訊，提問的焦點，想當然爾，是「你看見或聽見你爸爸殺了媽媽嗎？」

令人吃驚的是，孩子看起來讓人完全無法想像他是幾天前才失去母親。孩子以非常冷靜、沉著的表情，表示他什麼都沒聽見，也沒看見。調查人員從沒見過有孩子是這樣的，忍不住產生了疑問：「這麼小的孩子怎麼有辦法如此沉著冷靜呢？」「該不會是極少見的、冷靜無比的孩子呢？」

他們忽略了極為重要的一點：孩子是個突然失去母親、且極為年幼的「遺屬」。從警方調查案發場景時拍攝的影像中可以看見，孩子彷彿失了魂般面無表情，雙眼失焦渙散，神情徬徨，桌子下的雙手不停地撕扯著根本不存在的倒刺。儘管如此，當孩子聽到調查人員帶著關心問他「累嗎？」的提問，也只是用著太過單調的語氣回答「不會，沒關係」。如同所述，孩子處於「完全無感覺狀態」之中。

綜合以上狀況推測，孩子因為無法忍受「母親死於謀殺」的衝擊，於是孩子的大腦為了求得心理生存，而強迫抑制了情感，也因此表現出令大人們吃驚程度的沉著、冷靜。為了拿出如此表現，孩子傾注了全身的精力，面對於調查人員的提問，孩子可能沒有能力可以理解，或沒有能力去回憶過往。在這樣的狀態下孩子能做的（因為他不太理解問題），只有回答「是」、「不是」，或只是呆呆沉默地坐著。

失去家人，不僅對大人，對孩子也會造成極大的痛苦。有時候我們以為孩子還小，不懂死亡的意義，可是事實並非如此。研究顯示，孩子滿九歲的時候已經可以理解「所有人都會面臨死亡，且死亡是不可逆的，是正常生命週期的一部分」，並且可以將死亡與孩子自身的情況做連結[1]。

就算孩子還太小，還不知道死亡是不可逆的，也不代表突然失去親人的時候，帶來的心理衝擊就會變得很小或沒有——尤其是死者為孩子的主要養育者時，衝擊力道是非常強烈的。對孩子而言，養育者是為了生存最重要的對象，許多研究已經證明，這種心理創傷會誘發嚴重的腦部損傷，妨礙孩子的健康發展。

幸好，不僅這世界上存在著仙丹妙藥，可以緩衝這種衝擊，可以讓孩子克服悲傷，幫助成長。其中之一就是大人們的溫暖關懷與照顧（稍後會仔細說明，另一個妙藥就是「遊戲」）。更具體地來說，就是穩定、體貼地照顧陷入悲傷的孩子，維持事件發生前一樣的日常生活，這樣也可進一步讓大人們安慰自己的悲傷，在悲痛中維持日常生活的模式。

透過觀察身邊大人們這種生活模式，孩子們將學會安慰自己的方法，做好心理準備，將死亡視為自然現象。但是孩子的父母也很有可能因為心愛家人的死亡而陷入衝擊，或為了處理事件而必須參與刑事司法程序，在這種情況下可能暫時無法完全履行「年幼子女健全監護者」的職責。因此在事件發生後，共同體成員（尤其是親近的鄰居），應該要積極幫助或代替父母照顧的角色。

另外，驟然面對家人的死亡，最讓大人們感到痛苦的事情之一就是：「要不要告訴孩子家人逝世的事？」或者「如果告訴孩子，該怎麼解釋呢？」對於這樣的疑問，專家們堅定且明確回答：必須馬上告知。許多家屬非常忌諱將家人死亡的消息告知孩子，所以很多人會說家人去遠方旅行了，有很長時間不能回來。俗話說眼不見，心不念，從膚淺的角度來看，這種策略或許可以立即見效，隨著時間流逝，孩子對已逝故人的思念與失落感也會逐漸減小，對故人的記憶也會變得模糊。

但是，這樣要付出的代價，比想像中的還要大得多。大人們因為失去家人而面臨難以忍受的心理痛苦，此時卻得要在孩子面前完美隱藏自己的痛苦、掙扎模樣，那是幾乎不可能的，也是不可能用「去很遠的地方旅行」來解釋的。孩子看到大人們陷入悲痛，但自己又不知道為什麼大人這麼悲痛，會誘發孩子相當大的恐懼與混亂感。令人心疼的是，許多孩子都在努力尋找那個原因，誤以為大人的痛苦是來自於自己，因此感到嚴重的罪惡感。這種情況很常見，還會引發孩子的憂鬱症、強迫症、分離焦慮症、選擇性緘默症等內顯化障礙，或排斥、敵對行為等外顯化障礙，以及夜尿症、排便失禁等排泄障礙，還有厭食症、暴食症等進食障礙。

因此最理想的方式，是以安全的方式告知年幼孩子，所愛的家庭成員已經死亡的消息，並讓孩子們一起哀悼。尤其是有必要讓孩子有充分的時間表達對故人的感情，對於孩子提出的死亡相關問題，也要以憐憫、同情的態度誠實回答，必要的話，盡可能以節制的方式告訴孩子大人們的失落感，並分享大人們為了克服這些感受使用的策略，然後和孩子一起討論對孩子會有幫助的方法。

有時候大人會擔心告知所愛家人死亡的消息，會讓孩子過度沉浸在「死亡」的主題上，變成虛無、無力、消極的人。當然，孩子意識到家人死亡，可能會陷入悲慟之中，但孩子可以比大人想像的更快，恢復到原本生活。

根據經驗，遭受犯罪被害的孩子在事件後，適應狀況明顯地與成年人截然不同。成年人為了在理智上去理解事件，必須非常努力耗費心思，因而無法集中精力於當下，嚴重時會長時間過度沉浸於過去。相反的，孩子（如果沒有特別理由）傾向更快回到現在。孩子這種反應幾乎是以本能方式進行的，這成了快速恢復與成長的動力。

孩子能夠比成人恢復更快的原因，可能是因為沒有失去「停留在此時－此處」的內在傾向。很多孩子若能在安全的地方，與安全的人一起沉浸在玩耍之中，那麼這不是過去，也不是未來，而是停留在此時－此處，這樣的經驗讓孩子能夠很快治癒。這也是為什麼兒童心理創傷諮商特別吸引我的原因，因為孩子快速恢復，讓我暫時有「自己是頗有實力的諮商師」的感覺。當然，我所做的只是提供孩子安全的遊戲空間，並根據需要促進孩子發揮巨大的自癒力（事實上，不僅是孩子，對成人來說也是。遊戲，更準確地來說是「透過遊戲的投入」具有驚人的治癒力）。

孩子即使在失去家人的悲痛中，時時刻刻還是能夠玩耍，這樣的經驗慢慢累積下來，孩子就能鼓起勇氣揮別過往。實務上，有位孩子因殺人事件失去母親，儘管仍舊思念著無法回到身邊的母親，可是經歷六個月的遊戲治療後，在奶奶的細心照料之下，仍舊繼續成長茁壯。有個孩子因殺人事件失去弟弟，常擔心聽見自己哭聲會讓父親心痛，所以集中了全身的力氣，摀住自己的嘴不讓哭聲傳到諮商室的門外，現在這個孩子已經在同儕裡擁有相當高的人氣且廣受喜愛，過著穩定、平安的日常生活。

在另一方面，也時候我也會看到，孩子即使失去家人後仍舊表現出開朗玩耍的模樣，卻遭到仍然沉浸在悲痛中的大人們指責「不哀悼家人死去」，甚至責備這個孩子太冷淡、太自私。這樣的經驗會讓孩子對自己的情緒好轉感到罪惡感，且讓他們不願意與照護者分享自己的經驗，因此需要特別注意。孩子並不是不悲傷，而是因為悲傷，於是更沈迷於玩耍之中。似乎孩子本能就知道，必須透過玩耍，才能擺脫悲傷。

對所有的生命體來說，死亡都是必然的，面對這樣的事實，會引發我們不小的不安，這被稱為存在性焦慮（existential anxiety）。存在主義諮商師們強調，對存在的不安，既是生活的條件，也是成長的動力，[2]是人生的老師，而非應該去除或迴避的障礙物。[3]因此他們不忌諱討論死亡，而是重視接受死亡。在安全的空間與感到安心的人以安全的方式討論死亡，不僅對大人有益，孩子也可以接受現實的不安，並鼓起勇氣將其視為成長的機會。

但我們的社會對談論死亡，似乎仍然感到不自在且沉重。幾年前我在大學部開了一門課程，講述精神健康，課堂中要學生思考如何面對死亡，包括寫遺書。在最後一堂課的那天，我以郵寄方式寄送了他們的遺書，希望學生們在放假時收到自己的遺書，能夠深入思考「該如何好好生活」。當然我有提前告知學生，也徵得同意，而且擔心家長看到會感到驚訝，因此特別在信封上寫了「除本人以外，禁止拆閱——於精神健康論課程中撰寫」，做了徹底的準備。但是擔心的事終究發生了，有位父親對「除本人以外，禁止拆閱」的警語感到強烈好奇心，還是將信件拆開來看，幸好父親聽了學生的解釋後，很快恢復了平靜，但我依舊免不了被指責為「在課堂上討論死亡的奇怪教授」。

我並不後悔，我仍然在課堂中以各種形式進行面對死亡的教育。當我們承認生命是有限的，就可以更集中精神專注在「此時—此處」，這樣才能感受到把每一瞬間都活出意義來的樂趣。而且這樣的話，當面對所愛之人的死亡時，即使陷入沉重悲痛之中，似乎也能夠虛心接受死亡，並能快速找到留在世上的人繼續生活的方法。因此我果斷且堅定地建議，如果正在煩惱是否要告知孩子有關親愛家人死亡的消息，那答案是「這是必須的」。

但如果問題是「是否必須要告訴孩子，家人死亡原因為故意殺人」的話，狀況就完全不同了。我謹慎地建議，不要告訴年幼的孩子所愛之人是被誰所殺害的事實。其實，即使不用我提出勸告，幾乎每個大人都不願這麼做，幾乎每個大人都害怕孩子知道家人的死是因殺人所造成的，並且努力不讓孩子知道相關訊息。偶爾孩子察覺事有蹊蹺而詢問，大人也會否認，說出「絕非如此」的謊言。

死亡的原因有很多，但對於被留在這世上的家人來說，最令人感到衝擊的類型肯定是殺人。就連成人都會因為經歷殺人事件失去親人，造成對世界的恐懼，更何況是孩子呢？最糟的情況是會讓孩子視這世界為無法互惠互助的空間。失去家人的衝擊，加上殺人罪行的恐怖，對一個年幼的孩子來說太過殘酷，從本章一開頭的「成為目擊者的孩子」事例中也可以看出這一點。

請不要懲罰我的媽媽

虐待兒童的現象就像人類歷史一樣古老，往往是在家庭暴力下發生，是非常嚴重且可怕的犯罪。其它類型的犯罪至少在確認某人為被害者時，犯罪情況就已經結束，但大部分虐待兒童事件不僅是現在進行式，而且因為孩子沒有能力尋找保護自己的方法，未來極有可能會持續發生，因此對被害者造成的影響極為巨大。虐待不僅會帶給孩子極度的恐懼與無力感，還會扭曲兒童生長發展曲線，造成孩子在心理與身體上的生病，後遺症會一直持續到成年[4]。

值得注意的是，虐待次數的頻率越高，孩子在適應虐待的過程中，越不容易表現出外人可觀察到的恐懼或害怕。正如前面所述，恐懼這種情緒，是在可以戰鬥或有機會逃跑時才會經歷的，但如果認知到自己不管做出任何嘗試，都無法避免被虐待，孩子的大腦就會為了心理生存而選擇急凍反應，以求避免去體驗到恐怖的情緒。因此孩子雖然沒有在虐待中被負面情緒壓垮，但是要付出的代價，就是會同時失去「體驗正面、積極情緒」的能力。

結果就是，孩子表面看起來相對冷靜，甚至會被誤以為是很自在。曾經有醫療人員發現孩子有明顯受虐待跡象而打電話報警，但警察等了幾天後才前往孩子的住處，觀察到孩子在面對繼母的時候（醫療人員指認繼母為加害者），並沒有表現出迴避或恐懼的樣子。警察於是據此判定「這不是虐童事件」，沒有採取任何措施就回去了。不久之後，孩子就遭到殘忍的殺害，屍體被裝在旅行袋中丟棄。類似問題之所以層出不窮，是因為忽視了受虐兒童的這種特性。

但是即使在無感狀態下，壓力賀爾蒙也會過度分泌，這會損傷大腦的學習能力，抑制認知能力的發展——結果即使沒有生理上的缺陷，孩子的智能也會呈現有智能障礙。另外，孩子反覆習得「我已無法保護自己」時，會造成孩子極度無力，就算遇到戰鬥、逃跑的策略有效時，也會像以往的習慣一樣，表現出急凍反應（稱之為「習得的無力感」），以致於在面對犯罪行為的時候，會變得相當脆弱[5]。

不僅如此，受虐兒童很可能從未學會用安全的方式表達自己的情緒與感覺，所以無法依據外在情況調整自己的情緒，常會太過於直接表現出來，於是造成自己被同儕或社區排斥。這樣受到排斥的孩子，會表現出更強烈的被害意識與憤怒，結果又造成周圍的人對孩子的排斥行為獲得了強化與正當化，從此陷入反覆的惡性循環[6]。

另外，虐待兒童的加害者有百分之八十以上是父母。當父母是加害者時，如果「被外人知道虐待事件、受虐兒童暴露出受虐跡象」的可能性比較低的時候，虐待的頻度必然提高。不僅如此，當父母中有人行虐待之實，代表除非情況非常特殊，否則被虐兒童幾乎沒有安全處可以逃離虐待情況。如果非加害父母（沒有虐待孩子的那位父母）對子女採取保護態度，或許會稍微好一些，但是就連這一丁點運氣都沒有的孩子，在沒有父母安慰的情況下，只能獨自忍受這種動彈不得的恐懼。從結論來看，在加害者是父母時，虐待帶來的影響只會更加嚴重。

本應該是世界上最安全空間的家庭，卻反覆出現了虐待，奪走孩子遊戲的能力（而遊戲，是恢復的泉源）。不會玩耍的孩子，從此失去安慰自己的能力。這樣的結果相當殘忍。對孩子來說，此時家庭已經是世界上最具威脅的空間，可是孩子無處可去，盡可能快速適應在這空間發生的虐待，才是上策。當家庭被認為是危險的地方，對於孩子來說，家以外的世界一定更危險，這世界上絕對沒有安全的地方。

因此孩子根本不敢告訴別人自己受虐，不敢請求幫助，即使有人懷疑孩子遭到虐待，對孩子提出各種試探性問題，孩子也會極力否認自己受虐的事實。即使被虐情況被偶然遭到揭發，也會因為曝光之後將面臨各種壓力，使得孩子感到更害怕，所以經常會否認自己的陳述，會說其實都是因為自己不乖，惹父母生氣，父母沒有任何錯──反而率先站在父母那一邊。

檢察官，請不要懲罰我媽媽。我媽媽很善良，總是對我們很好，是因為我不聽話，媽媽才會生氣，但是這全部都是我的錯。媽媽真的沒有打我或欺負我。因為生媽媽氣，所以我才說謊，媽媽很愛我，我現在很想念媽媽，拜託讓我和媽媽一起生活吧。

——受虐兒童親口陳述

有時候，孩子因受虐而進入安置設施，可是來探視的加害父母只不過買了些好吃的給孩子，暗地裡說些話慫恿孩子離開安置設施，於是孩子就相信加害父母的話，請求離開安置設施。遺憾的是，在這種情況下回到原生家庭的孩子中，大多會因為再次虐待而飽受痛苦，經常導致必須再度與原生家庭分離接受安置。最糟的情況則是導致孩子死亡。韓國每年約有四十至五十名孩子，被自己父母毆打致死。

法律規定，當受虐兒童自原生家庭分離，或回歸至原生家庭時，需要充分考慮孩子的意願，因此實務工作人員每次都必須詢問孩子「想要懲罰你媽媽（或爸爸）嗎？」、「想要重新和父母一起生活嗎？」，但是對於孩子而言，他們因受虐的心理創傷而不願開口，只能小心翼翼生活著，這樣的問題絲毫沒有任何意義。孩子年滿十八歲前，我們連選舉權都不給他們，卻早早將「是否回到虐待加害者身邊」的重大決定權交到孩子手上——這就是我們面臨的現實狀況。這麼重要的決定權交給孩子，究竟孩子有計算自身利益、充分表達意見的能力嗎？當然尊重孩子的意願是非常重要且有價值的事，但是為了讓孩子能做出決策，必須提供孩子充分決策所需的訊息。

幾年前我曾參與受虐被害者的法庭證人庭訊過程。當時才剛進入青少年期的孩子，被法庭特有的氛圍所震攝，害怕得全身顫抖。儘管如此，對於「你會感到不安嗎？」的提問，他回答「不會」；對「需要休息一下嗎？」的提問，也回答「不用」。

任誰來看都可以知道孩子明顯相當不安，於是法庭決定稍作休息，期間為了幫助孩子冷靜，準備了飲料和零食，但孩子只是拿著飲料卻一動也不動，有人看了很心疼，幫他打開飲料的蓋子，可是極度緊張的孩子卻一口也沒喝。之後，在詢問證人的過程中，對「想要懲罰被告人（爸爸）嗎？」的提問，孩子回答「不想」。

這種情況不只發生在孩子身上，在患有發展障礙的成年人身上也經常可以看到。因此與其期待他們正確掌握並告知自己心理狀態，不如由監護人和刑事司法相關人士密切且直接掌握他們的狀態，自動給予必要的支持與照顧。因此，在虐待兒童領域工作的實務工作者們不可以是「為了成為專家而努力的人」，而必須是「已經準備好的專家」，因為知道的越多，觀察到的就會越多。

照顧兒童 vs 兒童性暴力

很久以前有位爸爸牽著年幼的女兒來找我。在諮商室裡父親嘆了一口氣後開口說道，「自從妻子病死後，獨力撫養的女兒遭到鄰居男性的猥褻，但在一審判決中對方被判無罪」。他說，女兒在事件發生之後一如既往幫忙家務事，還安慰因調查與審判過程中痛苦萬分的爸爸，是一個既善良又乖巧的女兒。他對女兒這種模樣感到既感謝，卻又很心疼。

但是社區鄰居們卻對女兒指指點點，評價相當苛薄。社區共同體不但不體諒孩子是性暴力被害的既定事實，反而譴責孩子的行為不像被害者，並烙上印記。人們給孩子扣上了

「遭受性暴力後還這麼正常生活，是個奇怪的孩子」的污名，在背後說三道四。相反的，刑事司法機關卻以「行為舉止不像被害者的行為」為由，懷疑孩子陳述的真實性，宣判無罪，在孩子身上刻上了說謊者的烙印。

像這樣的這個孩子，當我要求她「請用畫的方式，畫出妳的家庭」的時後，她呆望著白紙好一陣子，彷彿要把白紙看穿似的，接著突然眼睛泛紅，眼淚簌簌流下。情緒逐漸平靜下來後，孩子畫出在家院子裡玩捉迷藏的父親和已去世的母親，還有自己的模樣，然後對我露出燦爛的笑容。

從心理專業來評價這個孩子，她的心理創傷後遺症非常嚴重，為了求得心理上的生存而反覆自殘（其症狀稱之為非自殺性自殘），可是又擔心父親會因此感到痛苦，所以假裝開朗、乖巧地生活。由於孩子無法集中精神，在學校裡學了什麼也記不住，不過也沒有遲到或缺席，還是乖乖去了學校。為了不讓那次可怕的事件滲透般地浮上腦海，她更專注於做家務事。同時她也向我吐露，因為害怕人們的批判指責，一直把自己孤立在家中生活。

幸運的是，在審訊過程中終於發現，原先做出「我有看到事件發生後，被告和被害者笑著一起並肩走路」證詞的朋友，其實是受到被告的威脅壓力之下，才做出的偽證，因此被告獲判有罪。宣判後，孩子的父親打電話給我，聲音帶著苦澀地說：「現在想想，為了獲得國家證明我女兒沒有說謊，是真正的性侵被害者，拼死拼活了奮戰好幾年啊。」此事至今已過了十多年了，但這種類似事件在兒童性侵事件中仍然並不少見。

在類似這樣的性侵事件審判過程裡，不只是成人，就連孩子也常常被要求行為舉止要「像個被害者」。但是遭受性侵被害的孩子們所表現出來的行為，不僅會因為年齡、性格特性而有很大的差異，更會根據犯人和孩子的關係、與監護人的關係、是否存在事件以外的壓力等因素，而有著天差地別的不同。因此討論「典型性」是毫無意義的。有些孩子的犯罪被害後遺症輕微，或是恢復速度很快，但是有些孩子會長時間顯現出嚴重的後遺症，還有些孩子即使有嚴重後遺症，卻假裝沒事一般過得很好，被誤認為沒有後遺症。

不僅如此，有的孩子在事件發生後，就立即向監護人求助；也有些孩子下定決心保守自己的秘密，長時間（甚至一輩子）都不揭露；還有些孩子一開始揭露了被害的事實，之後又改口說沒有。而且，有的孩子因為被害後處於恐懼狀態，日常生活能力明顯下降；但有的孩子不顧恐懼，為了防止自己再度被害，會積極躲避犯人；還有些孩子遭到犯人假借玩遊戲或照顧行為而進行性侵，事後不但沒有表現出恐懼反應，反而收下犯人賄賂的零食或零用錢，將自己推入再次被害的情況。甚至還有些孩子沒有察覺自己被犯人當作性工具，反而對犯人表現出無限的信任與愛意。

當孩子成為性侵被害者時，有一個重要的爭議問題是：**孩子是否存在著性意識決策能力？**根據現行韓國法律，未滿十三歲的孩子，並不具有對性意識決策的能力；滿十三歲以上未滿十六歲的孩子，如果對象為成年人（滿十九歲以上）的情況，則法律認定為無法發揮對性意識決策的能力，此時雙方即使是在合意下進行性接觸，成年人也會以強制性交罪遭到處罰。

令人驚訝的是，有一些人主張「未滿十六歲的孩子，已經具有性自主決策能力，但是法律限制了此一功能，是侵害了兒童的人權」。其實除了非常特殊的情況以外，我們很難期待未滿十六歲的孩子在與成年人的關係中，可以完全發會性意識決策能力。對孩子來說這是相當困難的事。當然，若有他人對未滿十六歲的孩子提出發生性行為的要求，孩子可以表示同意或不同意，但是「知道自己是在何時、何地、做什麼、怎麼做、為什麼做，同時清楚知道其結果為何，或知道如何將不利結果最小化的方法」之後才做出決定的孩子，可以說是非常非常少見的。

身為社會科學學者的我，習慣為了研究而徵詢參與者的同意。這裡所說的同意（consent），不是單純問「願意參與研究嗎？」而已。同意書的內容包括：說明研究概要、參與研究會獲得的利益與不利情況、告知決定參與後仍隨時有權撤回其意願等等，而且如果表明撤回參與意願，則研究者必須刪除該名研究對象的所有資料。唯有在告知受試者他擁有這樣權力之後，受試者做出的同意，我們才稱之為「知情同意」（informed consent）。研究者必須得到參與者的知情同意，而不止是同意而已。

更何況，在人與人之間進行最信賴、最親密、最具有愛意行為的性接觸的情況下，向對方尋求的同意，理應是要達到「知情同意」的程度才對吧，不是嗎？那麼在性行為這件事上，當事人需要什麼樣的知識和能力，才能算是知情同意呢？

首先需要具備性行為相關的實質知識，這不僅包括對性接觸、懷孕、性病、避孕等正確的知識，還包括透過性接觸對自己會獲得與失去的事物有合理的判斷力。自己有權利決定是否進行性交行為，對方有義務尊重自己的決定，而且同時也必須明確理解，即使同意性交行為，只要在某一瞬間改變心意的話，隨時都可以拒絕。

但是這個世界卻在「孩子還不具備充分知識」的情況下，仍然期待孩子能自覺危險情況，而且盡最大努力保護自己。甚至就連孩子的父母也會認為，都是因為孩子愚蠢幼稚的行為，所以才會遭到性侵，因此責備子女；有些父母還會用「孩子已遭玷污，使父母蒙羞」的心態來對待孩子，卻巧妙將這樣的心態包裝成對子女的愛，這種現象與犯人為了性剝削而欺瞞孩子並沒有太大的區別。

遺憾的是，最近憲法法庭判定「兒童性暴力被害者在調查中進行陳述的影像，可作為審判證據」的法律違憲。其實這個法律是為了防止孩子受到二次加害，所以由警方錄製調查時的陳述影像，並使此影像資料在法庭上具有證據能力，以代替孩子在法庭上擔任證人被詢問的制度。八年前，我與來自英國和紐西蘭的律師們見面時，曾相當自豪得意地說明該制度，對此他們也感到驚訝並表示羨慕。

但是現在大法官們卻認為，這樣的制度可能會侵害被告對質詰問的權利，因此相關規定應予廢棄。如果法律存在違憲疑義，固然該被廢棄，可是該制度具有極大的正向功能，所以為了將二次傷害最小化，有必要盡快制定新的對策。至於為什麼要盡快制訂新的對策，從我們前述的「遭性侵孩子的獨特性」說明中，就能獲得充分的理解。

校園暴力：名為學校的監獄

最近校園暴力 Me Too 興起後，常有被害者透過媒體揭露，自己以前在校曾遭藝人或名人施加校園暴力的經驗。每當這種時候，大眾就會提出各式各樣的問題，例如：如果真的如此痛苦，為什麼長久以來一直緘默不語，直到對方成名後才跳出來揭露？是陷害嗎？是嫉妒嗎？還是被害妄想？

連日來不斷有報導指出，有人指稱某知名運動選手過去曾是校園暴力的加害者。我在課堂上用這個例子和學生討論。令人驚訝的是，當問到這麼晚才曝光的理由為何，幾乎所有學生都提高嗓門說「因為（加害者）上電視紅了」。學生們是這樣認為的，「加害者者不管在世界上的哪裡，過著怎樣的生活，只要不去看不去想，就沒關係。但是經常透過媒體，必須要看到這個加害者的時候，情況就不同了。透過電視，那個加害者再度進入了我的日常生活中，他不再和我是生活在不同世界的人，也不再是無須在意的存在了。」

進入學齡期後，孩子花更多時間待著的地方不是家，而是學校；花更多時間相處的人不是父母，而是同儕朋友。孩子從親子關係中學習到的，透過同儕關係擴張成為社會存在。透過與父母的關係形成的道德觀念，又透過與同儕的關係得以修正並補充，在這過程中，孩子成為更靈活通融的人，藉由與同儕積極正面的互動，建構對這世界安全的形象。再加上，透過圓滿解決大大小小爭執的經驗，掌握熟悉和解與妥協的技術，而且了解到這個世界不總是公平與正義的。有時或許會因此感到深度絕望和憤怒，但在這之中，也學到懂得寬容，願意欣然讓步給運氣比自己差的朋友。因為以上原因，對這時期的孩子來說，朋友是最重要的存在。

可是當校園暴力事件發生，導致孩子無法認知到「校園是個安全的空間」的時候，狀況就不一樣了。和虐待兒童情況一樣，有的孩子學習到恐懼，表現出對恐懼的迴避、焦躁、過度敏感；但有的學生為了防止再度被害，可能會出現屈服、按照加害者希望的方式去行動的行為模式。在這過程中，還有些孩子反而會轉而對其他孩子施加校園暴力。當然也有向大人求助的孩子，但也有咬緊牙關獨自忍耐，或是透過自殘緩解壓力的孩子。想要自殺的孩子不少，其中有一部分付諸行動，有一部分自殺成功。有個孩子留下了「不是因為朋友的關係」的遺言自殺身亡，但在之後的調查過程中發現，他在學校中受到大部分朋友情緒上、身體上的暴力相向。

「孩子們為什麼不告訴大人們校園暴力的事實呢？」其實這句話說錯了。因為許多孩子都會告訴大人被害的情況，並請求幫助，但是大人們不懂孩子發送的信號。有部分孩子會出現腹痛、頭痛等身體症狀，會拒絕上學、曠課、晚回家、拒絕和家人溝通等，用這些消極的方式表現。如果不密切觀察的話，大人是無法發現到底發生了什麼事。

或許孩子明確告知自己遭到某人欺負，可是父母與學校相關人士等大人卻認為這件事微不足道，因而置之不理。這種情況也不少。甚至還有大人反過來指責那些因校園暴力而訴苦的孩子，是過於敏感、不夠寬容、社交性不足的人，並暗示這些是孩子的缺點，還說「小孩子們本來就是邊吵架邊長大的」。

是的，孩子們的確是邊吵架邊長大的，這世界上也許沒有一個成人從未和朋友吵過架，其中有人可能在爭執中身體上出現或大或小的傷口，但是「打架」和單方面的欺負是完全不同的事情。打架是雙方處於同等位置時所發生的，但是欺凌卻是在心理、身體上佔有優勢的人對弱者進行的惡意行為。這種行為不僅會引發個人的恐懼與不安，還會誘發侮辱感、羞恥感、無能感，因此在大腦中被記錄為無法忘記的心理創傷事件。

另一方面，曾遭受校園暴力被害經驗的孩子中，大部分孩子表示「乾脆被打還比較好」，因為在身體上留下痕跡，就可以向他人請求幫助，或是有人可能會察覺並給予幫助。打人事件因為大部分都有主犯，所以某種程度是可以預測的，運氣好的話，只要用點心思，可以避免再次遭受被害（當然大部分的情況其實是長時間反覆飽受暴力的折磨）。

但是暗地裡的排擠欺凌，就連要期待他人幫助都很難。雖然有主犯，可是大部分集體成員可能都是共犯或幫兇，欺凌的空間從現實生活擴張到網路上，受害者二十四小時都暴露在欺凌之中。而欺凌的痕跡擴散到網路空間，也會造成其他損失。

假設有某個學生接近一個靜靜待著的孩子，故意撞他的肩膀，然後大聲主張是那個安靜的孩子打自己，接著其他學生一湧而上，集體指責那個安靜的孩子，這就是所謂的集體霸凌。瞬間被冤枉、誣陷為加害者的孩子，無論怎麼辯解都沒有用，因為集團成員全都自稱是「目擊者」。在這種情況下，即使是熟悉排解糾紛、經驗豐富的老師，也很難處理。曾遭到這種校園暴力事件的孩子們經常指出，那是一種「陷入無法擺脫的可怕陷阱狀態」。

大人們忽視校園暴力報告還有另一個原因，那就是有時候被害學生至少表面看起來非常正常。有個孩子曾被朋友勒住脖子，差點導致昏倒，在事件之後還是跟那朋友一起玩，而那個加害的學生平常只要一不順自己的意，就會動手施暴，所以只要加害學生的手一抬起來，被害學生的身體就會本能地蜷縮起來。而或許是因為加害學生偏偏很會找有趣的活動，所以受害者還是和他一起玩（除了被打時之外）。在這樣的學生小群體內，原本可以視為是殺人未遂的勒脖子事件，被視為只是惡作劇。因為被害學生在事件之後仍和加害學生玩在一起，更為加害學生「勒脖子的行為只是一種惡作劇」的主張增添了力量。

前面說過，人類的「控制感」是非常重要的，校園暴力在許多層面都會讓被害者失去控制感。失去控制感會導致「不管做什麼都無法保護自己」的恐懼與極端無力感，最糟的情況會讓被害者放棄生活。那麼我們應該怎麼做呢？平時應該營造讓孩子可以自由表達自己想法與情感的氛圍，並持續關心是否有早期徵兆。除此以外，我們必須承認，真的別無他法。

「我才不會跟著走」的錯覺

我曾應某個電視節目邀請，幫助拍攝防止兒童被誘拐的節目，我的任務是發展出一套「有效誘拐年幼孩子的策略」。

事實上，誘拐孩子太簡單了，根本談不上要用什麼策略。因為孩子只要有人走過來叫自己的名字，就會以為是認識的人；只要露出燦爛微笑，用親切嗓音說話，孩子就以為對方是好人；如果陌生人表示自己不認識路，要求幫忙的話，因為被教導要乖、要善良，所以孩子就會欣然地跟著走。

根據孩子的這些特性，我提出了誘拐的策略。結果我的策略非常有效：只有不到百分之十的孩子，沒有跟著（假的）誘拐犯走（當然，在拍攝前有獲得父母的同意）。這個節目拍攝的目的是要告訴大眾：孩子面對誘拐時，有多麼的脆弱。節目很成功，不料卻有觀眾在播出之後指責我，表示我身為兒童心理專家，怎麼可以在節目中傳授誘拐兒童的秘訣。

這些觀眾錯了。如果以為誘拐犯會連這程度簡單的策略都不知道，還得透過電視節目向我學習，說天真也太天真了。如果我們不理解孩子這些特性，卻又在孩子的書包或制服上大大寫著孩子的名字，然後一面教育孩子不要跟著「壞人」走，一面又教導孩子要幫助處於困境的人。殊不知，我們沒有意識到這只會讓孩子陷入多大的危險。

許多情況下，誘拐是犯罪的手段，也是更可怕犯罪的前兆。韓國在二〇二〇年一年間發生的誘拐未成年案件是一百五十八件，但考慮到以性侵、綁架取財等為目的誘拐孩子的情況，亦即若將誘拐案的罪行與其它犯罪合併計算的話，實際發生件事比這數字多上更多。

值得注意的是，在遭到誘拐遭受犯罪傷害的孩子中，會有大部分將受害原因歸咎在自己身上。平時越是被教育「不要跟陌生人或壞人走」，孩子的罪惡感就會越嚴重，因為他們認為自己在事前已經被教育過了，事發當下自己卻沒有能力察覺對方是假裝熟人、假裝溫柔故意接近自己的陌生人或壞人。

孩子並不具備「一眼就可以分辨對方是好是壞，動機為何」的能力。其實這對成人來說也絕非易事。儘管如此，比起將焦點放在打造一個安全的環境，我們花了更多的時間和精神告訴孩子們要小心——因為用嘴巴說說比較容易、簡單。但這樣造成的副作用實在太大了，使得我們無法保護孩子免於誘拐，或是會使得孩子過度警惕或排斥他人，嚴重妨礙孩子與他人形成互助互惠的人際關係。

幾年前我曾受邀負責諮詢一個個案，有個孩子因家暴受虐而離家出走，為了尋找棲身之處，在路上閒晃時，被成年人以炸雞、夜晚睡覺之處等承諾而誘拐，後來遭到性剝削。令人吃驚的是，當時此案在法院裡，並不是以性侵未成年孩子罪名審理，而是因為性交易。

因為該成年男子判斷，比起因性侵受到處罰，作為性交易者可能受到的處罰較輕，因此在審理期間該男主張他是用炸雞和睡覺之處，作為性行為交換買賣。

當然，那位孩子跟隨男性進入汽車旅館，或許也可能預想到自己將會遭到性暴力。即使如此，為了逃離家暴虐待，在寒冬裡毫無準備就離家出走的孩子，除了相信自己遇到了一位親切、願意提供食物和睡覺之處的男性之外，還有別的選擇嗎？那麼，明知孩子身處如此急迫的情況，卻利用情況誘騙孩子，到底是那個男子做錯事，還是跟著走的孩子做錯事？答案不用多說，我們大家都心知肚明吧。

我們還可以進一步這樣想……

即使是同樣的犯罪事件，對孩子造成的衝擊也比成人更嚴重也更複雜。更何況，以孩子為對象的事件，通常是很早就開始，有長期反覆發生的傾向，加害者很可能是像父母、同學（或前後輩）等親密的人（或是被要求要好好相處的對象）。最糟的情況是由於孩子在脆弱的發育階段，很多時候只能順應或服從加害者的要求，不得不將自己暴露於再度被虐待的情況之中。

這樣的結果非常可怕，根據不同的情況，可能造成孩子的大腦受損，無法對他人產生共感，因此可能會出現類似精神變態的情況。有個孩子，從小就被父親威脅說要殺了他（而那位父親，則曾經犯下殺人罪），這孩子後來公開呼籲，對於（類似他父親的）這種虐待孩童的行為應該加以嚴懲。結果才不過兩年，我就聽到這個孩子虐殺年幼姪子的壞消息。這個事件充分說明了犯罪對孩子的影響，以及犯罪的影響會代代相傳的嚴重性。

幸好，如果夠提供溫暖的環境，因心理創傷飽受痛苦折磨的孩子至少會恢復得比成人還快。孩子能夠快速恢復的力量泉源，就是來自於玩耍。孩子「被設計成」可以自動成長，只要提供優質的照顧，就會自己好好長大。

身為成人的我們所要扮演的角色，不是代替孩子做孩子該做的事，也不是事先預知尚未面臨的未來危險性，提前擔心或是嚇唬孩子，而是建構安全的環境，讓孩子可以放心地以自己的方式安心成長。儘管如此，當保護失敗，孩子成為犯罪被害者時，不該把孩子視為「已經毀壞的存在」，反而要信任深深根植於孩子內心的智慧治癒力量，創造能有效發揮的環境，這才是最重要的。

註釋
Anmerkungen

＊按：註釋中出現的論文、書名作者之韓文人名，皆以韓文對應漢字翻譯。

第一章

1. 法務研修院每年發行的犯罪白皮書中，將暴力犯罪分為殺人、強盜、性暴力、縱火等包含在內的兇殘犯罪和暴力犯罪，其中敘述重點放在兇殘犯罪和暴力致傷事件。
2. Redmond, L. M. (1989). Surviving: When someone you love was murdered: A professional' s guide to group grief therapy for families and friends of murder victims. Clearwater, FL: Psychological Consultation and Education Services.
3. Amick-McMullan, A., Kilpatrick, D., & Resnick, H. (1991). Homicide as a risk factor for PTSD among surviving family members. Behavior Modification, 15, pp. 454~549.
4. Bowlby,J.(1961).Processesofmourning.InternationalJournalofPsychoanalysis,42, pp. 317~339.
5. Redmond, L. M. (1989). Surviving: When someone you love was murdered: A professional' s guide to group grief therapy for families and friends of murder victims. Clearwater, FL: Psychological Consultation and Education Services.
6. Parkes, C. M. (1993). Psychiatric problems following bereavement by murder or manslaughter. British Journal of Psychiatry,162, pp.49~54.
7. Boss, P. G. (2002). Ambiguous loss: Working with families of the missing. Family Process,41, pp. 14~17.
8. Miller, L. (2015). 犯罪被害者諮商（金泰京譯），首爾：學知社。
9. Miller, L. (2015). 犯罪被害者諮商（金泰京譯），首爾：學知社。National Clearinghouse on Family Violence (2001). Guidebook on vicarious trauma: Recommended solutions for anti-violence workers. 於 2020. 6. 27. 取自 http://www. mollydragiewicz.com/VTguidebook.pdf.
10. 吳英根（2015），結合犯的認知範圍與法定刑之設定方案，法學論集， 32(3), pp. 77~98。
11. Zinzow, H. M., Rheingold, A. A., Byczkiewicz, M., Saunders, B. E., & Kilpatrick, D. G. (2011). Examining posttraumatic stress symptoms in a national sample of homicide survivors: Prevalence and comparison to other violence victims. Journal of Traumatic Stress,24(6), pp. 743~746.
12. 是指不服判決提出上訴之意，刑事案件中，由被害者代理人檢察官決定，如果被害者希望上訴，可以向公訴檢察官表明意向。
13. 鄭羅莎、金泰京（2017），兒童期性暴力受害未被揭露之因素：以未揭露之成人女性為中心，被害者研究，24(4), pp. 121~151。
14. 《小王子》中此用 taming 而非 grooming 一詞，考慮到其意義，兩者皆譯為「馴服」一詞。
15. Wolf, S. (1985). A Multi-Factor Model of Deviant Sexuality. Victimology: An WHALEBOOKS International Journal,10, pp. 359~374.
16. McAlinden, A. (2006). Setting 'em up' : Personal, Familial and Institutional Grooming in the Sexual Abuse of Children. Social & Legal Studies 15(3), pp. 339~362.
17. Craven,S.(2011).Deconstructingperspectivesofsexualgrooming:implicationsfortheoryand practice. Unpublished Thesis. Coventry: Coventry University.
18. Bourke, P., Ward, T., & Rose, C. (2012). Expertise and sexual offending: a preliminary empirical model. Journal of interpersonal violence,27(12), pp. 2391~2414.
19. Leclerc, B., Proulx, J., & Beauregard, E. (2009). Examining the modus operandi of sexual offenders against children and its practical implications. Aggression and Violent Behavior,14(1), pp. 5~12.
20. Pollack, D., &MacIver, A. (2015). Understanding sexual grooming in child abuse cases. ABA Child Law Practice,34(11), pp. 165~168.
21. Bennett, S. E., Hughes, H. M., & Luke, D. A. (2000). Heteogeneity in patterns of child sexual abuse, family functioning, and long-term adjustment. Journal of Interpersonal Violence,15(2), pp. 134~157.
22. Whittle, H., Hamilton-Giachritsis, C., Beech, A., & Collings, G. (2013). A review of online grooming: characteristics and concerns. Aggression and Violent Behavior,18, pp. 62~70.
23. Courtois, C. A. (1997). Treating the Sexual Concerns of Adult Incest Survivors and Their Partners. Journal of Aggression, Maltreatment &Trauma,1, pp. 287~304.
24. Otto-Rosario, J. (2011). Consequences and treatment of child sexual abuse. ESSAI, 9(31), pp. 104~108.
25. Henry, N., Powell, A. and Flynn, A. (2017). Not just revenge pornography: Australians' experiences of image-based abuse. A summary report. RMIT University.; Mori, C., Cooke, J. E., Temple, J. R., Ly, A., Lu, Y., Anderson, N., ... & Madigan, S. (2020). The prevalence of sexting behaviors among emerging adults: A meta-analysis. Archives of Sexual Behavior,49, pp. 1103~1119.
26. Huber, A. R. (2020). Women, image based sexual abuse and the pursuit of justice. A thesis submitted in partial fulfilment of the requirements of Liverpool John Moores University for the degree of Ph.D.; Mandau, M. B. H. (2020). "Snaps", "screenshots", and self-blame: A qualitative study of image-based sexual abuse victimization among adolescent Danish girls. Journal of Children and Media, pp. 1~17.
27. Faith, N. (1999). Blaze: The Forensics of Fire. New York: St. Martin' s. ; 金京旭（2008），關於縱火犯罪者犯

罪側寫適用性之考察，韓國火災調查學會論文集，11(1). pp. 23~30。
28. 法務研修院（2020），2019 犯罪白皮書，https://www.ioj.go.kr/homepage/information/DataAction.do?method=list&pblMatlDivCd=01&top=4&sub=1

第二章

1. Miller, L. (2015). 犯罪被害者諮商（金泰京譯），首爾：學知社。
2. Miller, L. (2015). 犯罪被害者諮商（金泰京譯），首爾：學知社。
3. 洪成壽（2019），法的理由，p. 19. Arte。
4. 尹修政、金泰碩、蔡廷浩（2005），以科學理解壓力的大腦，家庭醫學學會，26, pp. 439~450。
5. 鄭燦英、金賢廷、金泰京、朴尚熙（2020），關於主張性暴力被害女性之認識：主體性與判斷者性別效果，韓國心理學學會：文化與社會問題，26(3), pp. 167~194。
6. 金善希（2019），在性犯罪審判中有所謂的「被害者形象」嗎？：對狹義被害者形象的批判性討論，女性學論集，36(1), pp. 3~25。
7. 崔聖鎬（2019），所謂的「被害者形象」是什麼：哲學家在性犯罪審判中之省思，首爾：非洛索克。
8. 金善希（2019），在性犯罪審判中有所謂的「被害者形象」嗎？：對狹義被害者形象的批判性討論，女性學論集，36(1), pp. 3~25。
9. 盧成浩、權昌國、金廷秀、朴鍾勝（2018），被害者學（第二版），首爾：Green。
10. Kessler, R. C., Sonnega, A., Bromet, E., Hughes, M., & Nelson, C. B. (1995). Posttraumatic stress disorder in the National Comobidity Survey. Archives of General Psychiatry,52(12), pp. 1048~1060.
11. Courtiois, T. A. (2004). Complex trauma, complex reaction: Assessment and treatment. Psychotherapy: Theory, Research, Practice, Training, 41(4), pp. 412~425.
12. Neimeyer, R. A. (2006).Complicated grief and their construction of meaning: Conceptual and empirical contributions to a cognitive-constructivist model. Clinical Psychology: Science and Practice, 13 (2), pp. 141~145.
13. Bloom, P. (2016).Against empathy: The Case for Rational Compassion.
14. 金光日（2003），家庭暴力：精神醫學層面，Journal of Korean Neuropsychiatric Association,42(1), pp. 5~13。
15. Ellis, A., & MacLaren, C. (2007). 合理的理性情緒行為治療（徐秀均、金允喜譯），首爾：學知社。
16. Brewin, C. R., Daglesish, T., & Joseph, S. (1996). A Dual Representation Theory of Posttraumatic Stress Disorder. Psychological Review,17, pp. 670~686.
17. 劉靜（2015），心理創傷的訊息處理：大腦生理學的根據與創傷敘述。人類、環境、未來，14, pp. 29~65。
18. Baumeister, R. F., &Vohs, K. D. (2007). Encyclopedia of social psychology. Thousand Oaks: Sage Publication.
19. Theodore, M., Simonsen, E., Davis, R. D., & Birket-Smith, M. (2002). Psychopathy: antisocial, criminal, and violent behavior. New York: Guilford Press.
20. 擔保就是指擔保者（例如：犯罪者）將金錢、有價證券和其它物品委託至法院的提存所，讓受擔保利益人（例如：被害者）透過請求支付可以收取擔保金，達到提存法規定之目的的制度。受擔保利益人的被害者不聲請支付擔保金石，擔保者可以聲請返還擔保金，若一定期間內沒有聲請或要求返還的話，則擔保金歸國庫所有。
21. Festinger, L. (2016). 認知失調理論（金昌代譯）坡州：Nanam。
22. Pipe, M-E., Lamb., M. E., Orbach, Y., & Cederborg, A. C. (2007). Child Sexual WHALEBOOKS Abuse: Disclosure, Delay, and Denial. New York London Psychology Press.
23. London, K., Bruck, M., Ceci, S. J., & Shuman, D. W. (2005). Disclosure of child sexual abuse: What does the research tell us about the ways that children tell? Psychology, Public Policy and Law, 11, pp. 194~226.
24. Summit, R. C. (1983).Abuse of the Child Sexual Abuse Accommodation Syndrome. Journal of Child Sexual Abuse, 1(4), pp. 153~164.
25. Featherstone, B., & Evans, H. (2004). Children experiencing maltreatment: who do they turn to? London, NSPCC.
26. 鄭羅莎、金泰京（2017），兒童期性暴力受害未被揭露之因素：以未揭露之成人女性為中心，被害者研究，24(4), pp. 121~151。
27. 這是電影中指「回憶過去場景」的用語，在心理學中指的是在現實中暴露在與過去創傷事件相關的線索後，脫離現實陷入相關記憶中，彷彿事件現在正在上演，重新經歷事件的現象。經驗再現是 PTSD 症狀之一。
28. Kolk, B. (2020). 身體會記住：心理創傷留下的痕跡（諸孝英譯）（原著於 2014 年出版），乙流文化社，p. 136。

第三章

1. 尹賢碩（2012），關於刑事程序中提供被害者訊息之研究，比較刑事司法研究，14(1), pp. 295~314。
2. 張勝日（2010），關於刑事程序中被害者權利保護研究，法學研究，37, pp. 218~235.
3. 為保護犯罪被害者之相關法律有〈犯罪被害者救助法〉、〈刑事訴訟法〉、〈訴訟促相關特例法〉等，但是考慮到對犯罪被害者缺乏國家層級的保護，以及沒有建構支援體系與促進民間活動的綜合且基本的法律，因此為推行有效對策，於 2005 年 12 月 23 日制定了〈犯罪被害者保護法〉。
4. 金泰京（2017），調查機關及初期應對，實務工作者之暴力犯罪被害者的心理支援指南，法務部研究勞務報告。
5. 金泰京（2017），調查機關及初期應對，實務工作者之暴力犯罪被害者的心理支援指南，法務部研究勞務報告。
6. 抗告指的是不服法院決定或命令，向上級審法機關上訴。
7. 裁定聲請指的是國家機關檢察官不起訴提告事件時，不服其裁定之起訴人或告發者可向法院要求再審議之意。

8. 認知事件的情況，可以提出憲法訴願審判，要求取消不起訴處份。
9. 許美淡，〈警方無即時告知「母親被殺害消息」，死者家屬的憤怒……就連青瓦台也發起「請求嚴懲背著手警察」請願活動〉，亞洲經濟，2021.02.23.。
10. 金泰京、尹經熙（2017），暴力犯罪被害者調查過程經驗之案例研究，被害者學研究，24(3), pp. 5~40。
11. 可以在「搜尋我的案件」搜尋。提供參考條件，必須知道案件號碼及被告姓名三個字中兩個字以上，即可搜尋。
12. 會將焦點放在法庭結構、相關人士的稱呼與其角色、相關用語、公審過程、證人審問的目的、作證當天需要準備的事物說明，並提供相關訊息，但不會對陳述進行教育或指導。包含英國在內的部份國家，可以提前訪問法院，查看證人室，並模擬審問過程。在犯罪被害者專門心理支援機關微笑中心，即可獲得相關專案支援。
13. 刑事訴訟法第 294 條第 2（被害者之陳述權）項中，規定「法院對犯罪被害者或其法定代理人提出聲請時，被害者應作為證人被詢問」。
14. 與刑事程序無關，對於違反法庭秩序者、不履行義務者，可根據法院審判長的命令，由司法警察管理、教導官、法警、或法院事務官等進行拘留，拘留至監獄、拘留所或警察署拘留室，拘留時間最長可達三十天。
15. 證人支援官制度是刑事案件中的被害者或第三者需作為證人出庭作證時，證人支援官事先會見證人，陪同到證人支援室後，在證人支援室裡詳細說明刑事審判程序與審問證人宗旨等，幫助證人在心理穩定狀態下作證。特別證人支援是為了性暴力（女性、兒童、青少年、殘障人士）相關犯罪、虐待兒童等裁判中，讓作為證人的被害者在出席法院時，能以安全、舒適的心情作證的支援制度，一般證人支援是在案件中，除了上述特別支援對象以外的證人聲請人身保護（阻斷與被告接觸等）的證人支援制度。
16. Quas, J. A., Goodman, G. S., Ghetti, S. et al. (2005). Childhood sexual assault victims: Long-term outcomes after testifying in criminal court. Monographs of the Society for Research in Child Development,70(2), pp. 1~145.
17. 金泰京（2020），暴力犯罪被害者之法庭作證經驗相關研究：以被害者與實務工作者報告為中心，被害者學研究，28(1), pp. 1~28。
18. Dijk, J. A., Schoutrop, M. J., & Spinhoven, P.(2003). Testimony therapy: treatment method for traumatized victims of organized violence. American Journal of Psychotherapy,57(3),pp. 361-373.
19. Zehr, H. (2015). 恢復正義實現之司法理念與實踐（曹均碩、金成敦、韓容善等譯），江原：KAP。
20. 金惠京（2020），以共同體觀點的司法轉化之研究，被害者學研究，28(2), pp. 45~78.；Zehr, H. (2015). 恢復正義實現之司法理念與實踐（曹均碩、金成敦、韓容善等譯），江原：KAP。

第四章

1. Bremner, J. D. (2006). Traumatic stress and the brain. Dialogues in Clinical Neuroscience,8(4), pp. 445~461. WHALEBOOKS
2. American Psychiatric Association(2015). 精神疾病的診斷及統計手冊，第五版（DSM-5）（權俊秀等譯），首爾：學知社。
3. Miller, L. (2015). 犯罪被害者諮商（金泰京譯），首爾：學知社。
4. Kolk, B. (2020). 身體會記住：心理創傷留下的痕跡（諸孝英譯）（原著於 2014 年出版），p. 136，乙流文化社。
5. Teicher, M. H., Andersen, S. L., Polcari, A., Aderson, C. M., Navalta, C. P., & Kim, D. M. (2003). The neurobiological consequences of early stress and childhood maltreatment. Neuroscience & Biobehavioral Review,27(1), pp. 33~44.
6. Wilson, K. R., Hansen, D. J., & Li, M. (2011). The traumatic stress response in child maltreatment and resultant neuropsychological effects. Aggression and Violent Behavior,16(2), pp. 87~97. Child Welfare Information Gateway, 於 2015 再引用。
7. 李明真、趙珠妍、崔文京（2007），父母虐待子女對青少年偏差行為之影響，社會研究，14(2), pp. 9~42.；Courtiois, T. A. (2004). Complex trauma, complex reaction: Assessment and treatment. Psychotherapy: Theory, Research, Practice, Training, 41(4), pp. 412~425.
8. Yehuda, R., Halligan, S. L., &Bierera, L. M. (2002). Cortisol levels in adult offspring of Holocaust survivors: relation to PTSD symptom severity in the parent and child. Psychoneuroendocrinology,27, pp. 171~180.
9. Charney, D. S., Deutch, A. Y., Krystal, J. H., Southwick, S. M., & Davis, M. (1993). Psychobiologic mechanisms of posttraumatic stress disorder. Archives of General Psychiatry,50(4), pp. 294~305.
10. 引用自 Prevention Institute. Violence and chronic illness. Urban Networks to Increase Thriving Youth. www.preventioninstitute.org/sites/default/files/publications/ Fact%20Sheet%20Links%20Between%20Violence%20and%20Mental%20 Health.pdf. 2021. 05. 09.；Santaularia, J., Johnson, M., Hart, L., Haskett, L., Welsh, E., &Faseru, B. (2014). Relationships between sexual violence and chronic disease: a cross-sectional study. BMC Public Health,14, pp. 2-7.; Springer, K.W., Sheridan, J., Kuo, D., & Carnes, M. (2007). Long-term physical and WHALEBOOKS mental health consequences of childhood physical abuse: Results from a large population-based sample of men and women. Child Abuse &Neglect,31(5), pp. 517- 530.
11. 黃秀英，〈【大邱地鐵縱火慘案十週年】（中）飽受後遺症痛苦所擾的傷者們〉，每日新聞，2013. 02. 15。
12. 金泰京、尹成宇、李英恩、李賽綸（2018），暴力犯罪被害者創傷後壓力症狀及預測因素之探索性研究，被害者學研究，26(1), pp. 19~45。
13. Wester, K. L., & Trepal, H. C. (2020) 非自殺性自殘：關於行為、症狀及診斷的健康觀點、診斷及介入（咸京愛、李賢宇譯），首爾：學知社。
14. McCann,I.L.,&Pearlman,L.A.(1990).Vicarioustraumatization:Aframework the psychological effects of working with victims. Journal of Traumatic Stress, 3(1), pp. 131~149.
15. Miller, L. (2015). 犯罪被害者諮商（金泰京譯），首爾：學知社。
16. Lerner, M. J., & Miller, D. T. (1978). Just world research and the attribution process: Looking back and ahead. Psychological Bulletin,85(5), pp. 1030~1051.
17. 金泰京（2015），殺人事件被害者家屬之經驗及探索韓國型心理支援方案之建議，被害者學研究，23(2), pp.

33~65。

18. Figley, C. R. (1995). Compassion fatigue: Coping with secondary traumatic stress disorder in those who treat the traumatized. NY: Brunner/Routledge.
19. 金泰京、尹成宇、李英恩、李賽綸（2018），暴力犯罪被害者創傷後壓力症狀及預測因素之探索性研究，被害者學研究，26(1), pp. 19~45。
20. Gooseen, L. (2020). Secondary trauma and compassion fatigue: A guide to support managers and practitioners. London: Community inform. https://www. communitycare.co.uk/2020/12/03/recognise-manage-secondary-trauma- pandemic
21. 柳經熙、金泰京（2017），警察的替代性創傷之研究，警察學研究，17(3), 59-86.；Hyman, O. (2004). Perceived social support and secondary traumatic stress symptoms in emergency responders. Journal of Traumatic Stress, 17(2), pp. WHALEBOOKS 149~156.
22. Figley, C. R. (2002).Compassionfatigue:Psychotherapists' chroniclackofselfcare. JCLP in Session: Psychotherapy in Practice,58, pp. 1433~1441.
23. Shah, S. A. (2010). Mental Health Emergencies and Post-Traumatic Stress Disorder. In G.B. Kapur & J.P. Smith (Eds). Emergency Public Health: Preparedness and Response, pp. 493~516. Boston: Jones and Bartlett Publishers.
24. McCann,I.L.,&Pearlman,L.A.(1990).Vicarioustraumatization:Aframework the psychological effects of working with victims. Journal of Traumatic Stress, 3(1), pp.131~149.
25. Kadambi, M. A., & Truscott, D. (2004). Vicarious trauma among counsellors working with sexual violence, cancer, and general practice. Canadian Journal ofCounselling,38(4), pp. 260~276.
26. Janofif-Bulman, R. (1992). Shattered assumption: Towards a new psychology of trauma. New York: Free Press.
27. Bober, T., Regehr, C., & Zhou,Y. (2006). Development of the coping strategies inventory for trauma counselors. Journal of Loss and Trauma, 11(1), pp. 71~83.
28. 朴京萊、金秀東、崔成洛、李鍾韓（2011），犯罪與刑事政策的法律經濟學方法 (II)：犯罪的社會性費用估算（綜合報告書），首爾：韓國刑事政策研究院。
29. 劉尚植，〈因犯罪造成的社會性費用為 158 兆韓元，減少 1% 再犯率時，可節約 903 億韓元〉，Jeongeup Today，2017. 07. 17。
30. 李尚真，〈增加公共人力確保社會網的安全〉，大韓民國政策簡報， 2017. 07. 18。
31. 李宰烈（2015），社會的品質、競爭與幸福，亞洲評論，4(2), pp. 3~29。
32. 盧成浩、權昌國、金延秀、朴鍾勝（2018），被害者學（第二版），首爾：Green。

第五章

1. 李江奉，〈打開治療心理創傷的可能性：小白鼠實驗結果，過去的痛苦記憶消失了〉, 科學時代，2017. 03. 06。
2. Tedeschi, R. G., & Calhoun, L. G. (2004). Posttraumatic growth: Conceptual foundation and empirical evidence. Psychological Inquiry,15, pp. 1~18.
3. Kaniasty, K., & Norris, F. H. (1992). Social support and victims of crime: matching event, support, and outcome. American Journal of Community Psychology, 20(2), pp. 211~241.; Sylaska, K. M., & Edwards, K. M. (2014). Disclosure of intimate partner violence to informal social support network members: A review of the literature. Trauma Violence Abuse, 15(1), pp. 3~21.; Yap, M. B., & Devilly, G. J. (2004). The role of perceived social support in crime victimization. Clinical Psychology Review,24(1), pp. 1~14.
4. 陳教勳、尹英敦（2003），榮格心理學之人類學涵義研究，首爾大學師範學院，66, pp. 73~104。
5. Murray, R. B., & Zenter, J. B. (1989) NursingConceptsforHealthPromotion.Prentice Hall, London.
6. 金泰京（2020），暴力犯罪被害者之法庭作證經驗相關研究：以被害者與實務工作者報告為中心，被害者學研究，28(1), pp. 1~28。
7. 微笑中心官方網站：www.resmile.or.kr ／首爾東部微笑中心：02-472-1295

第六章

1. Nagy, M. (1948). The child' s theories concerning death. Journal of Genetic Psychology, 73, pp. 3~27.; Speece, M. W. (1995). Children' s Concepts of Death. Michigan Family Review,1, pp. 57~69.
2. Corey, G. (2017). 心理諮商治療的理論與實際（千聖文、權善中、金仁圭、金長懷、金昌代、申盛滿、李東勛、金在洪譯），首爾：Cengage Learning。
3. Deurzen, E. V., & Adams, M. (2011). Skills in Existential Counselling & Psychotherapy. NY: Sage.
4. 金泰京、元惠旭、申珍熙（2018），為擴大家庭法院對受虐兒童的保護作用之兒童福利法修訂方向，大法院研究勞務報告書。
5. Casey, E. A. & Norius, P. S. (2005). Trauma exposure and sexual revictimization risk. Violence Against Women,11, pp. 505~530.
6. 金平和、尹惠美（2013），兒童虐待對兒童情緒障礙與攻擊性之影響，韓國兒童福祉學，41, pp. 219~239.; Lansford, J. E., Miller-Johnson, S., Berlin, L. J., Dodge, K. A., Bates, J. E., & Pettit, G. S. (2007). Early physical abuse and later violent delinquency: a prospective longitudinal study. Child Maltreatment,12(3), pp. 233~245.

你真的可以選擇不原諒：
第一本以受害者為中心的經典解析，用正確的視角陪伴受害者成為我們的好鄰舍，在黑暗中散發榮耀
용서하지 않을 권리

作　　者　金泰京 김태경
譯　　者　梁如幸
行銷企畫　E.D., 劉妍伶
責任編輯　陳希林
封面設計　陳文德
內文構成　陳佩娟

發 行 人　王榮文
出版發行　遠流出版事業股份有限公司
地　　址　104005臺北市中山區中山北路1段11號13樓
客服電話　02-2571-0297
傳　　真　02-2571-0197
郵　　撥　0189456-1
著作權顧問　蕭雄淋律師

2023年06月01日 初版一刷
定價 平裝新台幣399元（如有缺頁或破損，請寄回更換）
有著作權・侵害必究 Printed in Taiwan
ISBN　978-626-361-097-2
遠流博識網　http://www.ylib.com
E-mail: ylib@ylib.com

용서하지 않을 권리
Copyright © 2022 by Kim Tae-Kyoung
All rights reserved.
Original Korean edition published by WHALEBOOKS.
Chinese(complex) Translation Copyright © 2023 by Yuan-Liou Publishing Co., Ltd.
Chinese (complex) Translation rights arranged with WHALEBOOKS.
through M.J. Agency, in Taipei.

圖書館出版品預行編目(CIP)資料

你真的可以選擇不原諒：第一本以受害者為中心的經典解析，用正確的視角陪伴受害者成為我們的好鄰舍，在黑暗中散發榮耀/金泰京著；梁如幸譯.
-- 初版. -- 臺北市：遠流出版事業股份有限公司, 2023.06
面；　公分

譯自：용서하지 않을 권리

ISBN：978-626-361-097-2　（平裝）

1.CST: 被害者 2.CST: 心理治療

548.32　　112005198